秒速！・山ごはん

萩原編集長の

山塾

Yama-Juku

萩原浩司×げんさん

Hagiwara Hiroshi & Gen-san

はじめに

　NHKのテレビ番組「実践！にっぽん百名山」では、これまで5年間、計150回近くの放送のなかで登山のさまざまなテクニックをお伝えしてきました。そのなかで意外に反響が大きかったのが山の食事の話です。「暑い季節のさっぱり山ごはん」や「だれでも簡単にできる山ごはん」、そして「速さがいちばん、秒速！山ごはん」と、テーマを設けて取り上げた山の食事の話は、とても役に立ったとの評判をいただきました。

　そこで思い出したのが、子どもや初心者を山に連れていったときの彼らの感想です。いちばんの思い出は頂上の景色ではなく、そこで食べたおにぎりやカップ麺の味だった、といった話を何度か耳にしました。ああ、絶景よりも食事なんだ……と思いながらも、なんとなくわかる気がしました。味の思い出というものは、そのときの情景や心の動きなどとともに、人の心に深く残るからなのでしょう。

　でも、コンビニのおにぎりでそれほど喜ばれるものなら、ひと手間かけてもっとおいしいものを食べてみたらいかがでしょう？　ということで、今回は番組で紹介したメニューを基本に「山ごはん」だけで一冊をまとめることにしました。

　編集のテーマはスピードです。これまでほかの山料理本が手がけていなかった、調理の早さを最重視した料理の数々を紹介します。調理時間は5分以内。なかには30秒を切るメニューも考えました。

　とはいっても、私ひとりでは料理のレパートリーに限界があります。そこで「山ごはん」のカリスマブロガー、「山めし礼讃」で知られるげんさんに協力をあおぐことになりました。げんさんが得意とする彩り鮮やかなおつまみや山ごはんを、素早く作るためのアイデアを含めて、本書のために惜しげもなくご提案いただいています。

　山の中という、水や調理器具や素材の重さといった制限の多い環境のなかで、いかに早く、おいしい料理が作れるか。本書をヒントに、ぜひ、山での「秒速クッキング」に挑戦してみてはいかがでしょう？

萩原浩司

CONTENTS

Part 1

Page
- 2 はじめに
- 6 萩原編集長×げんさんの"秒速山ごはん"対談
- 8 秒速山ごはんの調理器具
- 12 秒速山ごはんのココがポイント

- 17 あっという間に完成！激速90秒メニュー25品
- 18 カニカマしょうが大葉あえ
- 20 うにめかぶちくわきゅうり
- 22 アスパラのバターソルト炒め
- 24 味噌玉の冷たい水出し茶漬け
- 25 かんたんトースト
- 26 コンビーフわさびしょうゆ
- 28 激烈シンプル！ 男・涙の一本わさび
- 30 ししゃものマヨセブン焼き
- 31 シャケ缶のちゃんちゃん焼き
- 32 ポテきん焼き
- 33 ちくわのマヨ柚子こしょう
- 34 きゅうりとみょうがの梅昆布茶あえ
- 35 キャベツと新しょうがの即席漬け
- 36 シンプル一番！ おにぎりチャーハン
- 38 元祖！ コンビニおにぎりツナチャーハン
- 40 さっぱり味の"酸ライズ"にゅうめん
- 42 カマンベールでチーズフォンデュ
- 44 "加糖"文太郎しるこ
- 45 山の燻製ポテサラ
- 46 イカなんこつとセロリの一味マヨあえ
- 47 山のウニイカ
- 48 秒速！ もちしゃぶ祭り
- 50 瞬速！ 松茸（風味）雑煮
- 52 超速！ うな茶漬け
- 54 ベイクドメロンパン はちみつ添え
- 56 萩原編集長の山ごはんコラム1
- 57 萩原編集長の山ごはんコラム2
- 58 萩原編集長の山ごはんコラム3

※本書に掲載しているレシピの食材・調味料の分量は、基本的にすべて1人分です。調理時間はお湯を持参することを前提として算出した、おおよその目安となります。

Part 2

- 59 カップ麺に負けない！激ウマ180秒メニュー22品
- 60 ツナとゴーヤのマヨポンあえ
- 62 したらばとクリームチーズ洋風おつまみ
- 64 カニ缶 山のテリーヌ風
- 66 桃缶詰と生ハムのゴージャスオードブル
- 68 チーズ生ハムロール
- 70 きゅうりと玉ねぎのカレーマヨあえ
- 71 サラミとキャベツのカレー風味
- 72 パルミジャーノときゅうりのカルパッチョ風
- 73 最強最短！えのきとベーコンの"アホ"焼き
- 74 トマトときゅうりの梅昆布茶マリネ
- 75 サンマ蒲焼ときゅうりのしょうがあえ
- 76 燻製チョリソーチーズ焼き
- 78 なんちゃって酢豚
- 80 ぎょうざの皮ピザ
- 82 イカフライ天丼
- 83 アボカド納豆キムチ
- 84 タコときゅうりの韓国海苔あえ
- 85 キムマヨ焼きそば
- 86 とろチーズのオイルサーディン
- 87 肉吸い春雨 温泉卵添え
- 88 山のイワシつみれ鍋
- 89 リンゴ缶のバーボン焼き
- 90 萩原編集長の山ごはんコラム 4

Part 3

- 91 手間をかけても5分 とっておきごちそうメニュー24品
- 92 ソーセージの白ワイン蒸し
- 94 白菜とベーコン牡蠣の白ワイン蒸し
- 96 牛肉とゴーヤのパワーサラダ
- 98 コンビーフとクリームチーズのサンド
- 100 ワンタンの辛ねぎダレ
- 101 スパムと夏野菜のガラムマサラ炒め
- 102 もやしとささみの温サラダ
- 103 パックごはんで作るねぎ味噌焼きめし
- 104 ゴーヤカレーメシ
- 106 "自由軒"風ピリ辛カレーメシ
- 108 シーフードミックスクラムチャウダー
- 109 山の貝ひも辛味あえ
- 110 "とりから"のねぎだくチゲ風味
- 111 春キャベツとおかかチーズのピリ辛煮
- 112 アボカドとトマトの塩パスタ
- 113 山のカレーパエリア風
- 114 山のパクチー焼きそば
- 116 九条ねぎそば
- 118 サンマそば
- 120 松茸風味の大黒しめじリゾット
- 122 オニオングラタン風煮込み
- 123 山の鶏ちゃん風炒め
- 124 はちみつ味噌豚のゴーヤチャンプルー
- 125 海鮮マヨ焼きそば

- 126 編集長＆げんさん担当レシピリスト
- 127 あとがき

萩原編集長×げんさんの
"秒速山ごはん"対談

制約があるから山ごはん作りは楽しい

げんさん 自分にとっての山ごはんとは、"おいしいお酒を飲むために作る"のが前提で、調理スピードや軽い食材というよりも"おいしいこと"が優先です。ただし、早くお酒を飲みたいので（笑）、スピードという部分も外さない作り方をしています。山では家で料理をするように凝ったことはできないので、シンプルに作ると、必然的に早く出来上がります。

テント泊をするときなど、夕食を3品ほど作ることが多いのですが、ひとつひとつに時間をかけているとその間飲めないので（笑）、手早く作るのが基本。冬場などは鍋系、夏場はおつまみ系をササッと作って、というパターンが多いですね。おつまみやごはんと一緒に、ビールのひと口目をいかにおいしく飲むかが重要なので（笑）、夕食を作るまではお酒は絶対に飲まないというのが信条です。

編集長 私の山ごはんの原点は大学山岳部時代にさかのぼります。夏山の長期合宿で、朝昼晩、すべて焚き火で食事をまかなったことも。夜中1時30分に起きて火をおこして、大釜で2升の米を炊いて、みそ汁を作って、残りの飯は弁当にして朝3時に出発とか。冬山登山ではペミカンをよく使って、カレーを作ったり、豚汁を作ったり。とにかく"工夫して手際よくごはんを作る"ことをたたき込まれま

した。当時は軽量化を意識することは一切なく、夏山であれば玉ねぎ・じゃがいも・にんじんなど、野菜はまるごと持っていって……。

社会人になると、学生時代とは違って、山に行けるタイミングが限られてくるので、とりあえず現地に行って、手に入る食材を使って、手早く料理を作ることがメインになりました。そうなると、"うまい・軽い・早い"という三要素を重視するようになってきます。少ない水で、軽くシンプルな食材で、いかにおいしいものを作るかという、山ごはんの原則ですね。

山という制限された場所、限られた食材で、いかにおいしいものを早く作るか、それが楽しみでもありますね。山では"空腹は最大の調味料である"という格言があるように（笑）、そもそも何を食べてもおいしく感じるというプラスハンデがあるんです。でも、ただカップラーメンを食べるだけじゃなくて、そこにほんのちょっとだけ手間を加えることで、さらにおいしくなる。げ

うまい・軽い・早い！が
山ごはんの醍醐味。
ぜひ実践を（萩原）

んさんはその3段階くらい先を行っている印象がありますが、げんさんのレシピには、食材の組み合わせの妙があって、いつも感心します。そして、ビジュアルも素晴らしい！ 食材の色味とか、ちょっとした飾りとか。

げんさん ワンバーナーでフライパンひとつ、油もない……さてどうしよう？ そんな制約があるから新しいメニューを考えたり、工夫したりするというのはありますね。何も制約がな

ければ、逆に何も作れなかったりして（笑）。準備に時間をかけられないことも多いので、手に入る食材でできるものを作る、というのが基本です。ただ、日頃から食材の組み合わせや、アレとコレを使ったらどんな感じになるかなと、いろいろイメージしています。

編集長　スーパーに行くのが楽しいですよね。最近は乾燥野菜が豊富にあるし、チューブ入り調味料のバリエーションも多い。レトルト食材もいろいろ手に入ります。

山で手早く料理を作る工夫

編集長　山でのランチに関しては"お湯は沸かすものではない、運ぶものである"と考えて、テルモス（保温・保冷ボトル）でお湯を持っていくと、すごい時短になる。シーズン問わず、テルモスは持っていきますね。

実はサーモス社の「山専ボトル」の開発に協力したことがあって、保温効果や使い勝手を高めるために、いろいろな意見を採用してもらいました。口径をあえて小さくしたり、手袋をつけても滑らない工夫をしたり、コップの形状にもこだわったり、より山で使いやすく改良してもらいました。6時間たっても80℃の保温力があるので、そのままカップ麺ができるし、料理も素早く作れます。このボトルがあると、山ごはん作りの概念が変わりますね。

げんさん　食材を薄くするのもポイントです。厚い肉は火が通りにくいので、薄い肉を使う。でも、それだとボリューム感に欠けるので、薄い肉をロール状にすると、火も通りやすく、ボ

おいしいお酒を飲むために山ごはんを作る。スピード感も大切です（げんさん）

リューム感も出ます。野菜も同様に、ゴーヤなども薄く切って塩茹でして、冷凍して持っていけば、何をするにもサッとできます。

あと、コンビニデリがすごく便利です。私は「ファミチキ」をよく使いますが、すでに火が通っているし、いいダシが出る。じゃがいもも、生から茹でるとすごく時間がかかりますが、コンビニ惣菜のフレンチフライポテトは、いろいろ活用できます。

編集長　そのままでも食べられるものを、ひと手間かけて、何かと組み合わせて使うと、手軽に「新しい料理」が作れます。たとえばコンビニのチャーハンおにぎり。そのまま食べるよりも、フライパンでベーコンを炒めて油をなじませ、そこに刻みねぎとおにぎりを投入するだけで、誰が作っても絶対に失敗しない立派なチャーハンになります。味も圧倒的においしくなるし、ボリュームも倍増する感じです。

げんさん　コンビニの食べ物を"食材"としてみると、メニューの幅が広がりますね。山に行く当日でも入手できるし、とても便利。

編集長　あまり考えすぎず、"とりあえず焼いてみる"のもおすすめ。本書でも紹介していますが、メロンパンを焼いてはちみつをかけるだけで、香ばしさとしっとり感が出ておいしくなります。フォールディングトースターでめざしをあぶる、ランチパックを焼く、ファミチキを使ってホットサンドを作る……考えるだけでイメージがふくらんで、楽しくなってきます。とにかく、いろいろな料理にチャレンジしていくうちに、うまくいっても失敗しても、山ごはんを手早く作る自分なりのワザが身につくはず！

> 秒速

山ごはんを作る道具

萩原編集長とげんさんが愛用している調理用具を紹介しよう。本書で紹介する秒速山ごはんのレシピを作る道具はいたってシンプル。主役はフライパンとシェラカップだ。テルモス（保温・保冷ボトル）もぜひ活用を！

萩原編集長の愛用セット

THERMOS
保温ボトル

朝、麓のコンビニで入れたお湯で昼のカップ麺がそのまま作れるという、圧倒的な保温力が魅力のサーモス「山専用ボトル」。設計当初から登山者視点のアドバイスをさせていただいた商品でもあり、夏冬問わず愛用している。使用に際し、知っておくといいのが「予熱」だ。あらかじめ小量の熱湯で内部を温めてから（そのお湯は捨てて）注ぎ入れると保温力が確実にアップする。

ガスバーナーは、EPIガス製の深型クッカーに入れて携行。内鍋は230ガスカートリッジとバーナーヘッドがちょうど収まる大きさなので、クッカーの内側を傷つけないようにバンダナでくるんでパッキングしている。

SINGLE BURNER
シングルバーナー

EPIガスのフラッグシップモデル「REVO-3700」（左）を、2006年の発売時からずっと使い続けている。強力な火力ととろ火にも強い操作性のよさは、モデルチェンジを必要としない完成度の高さを感じている。安定性を必要とする鍋や焼き物料理には分離型の「SPLIT」（上）を愛用。

FRYING PAN
フライパン

調理で最も活躍しているのはこのフライパンかもしれない。炒めてよし、煮るもよし、ごはんだって炊ける。普段はチヌークのハードアノダイズド・アルミニウム製20cm径を使うが、日帰り単独行のときはさらに小型の16cm径を使うことも。

SIERRA CUP
シェラカップ

日本がヘビーデューティブームに沸いた1980年代からずっと愛用しているが、最近はチタン製の軽量タイプに替えた。食器として、簡易調理具として今も大活躍している。ぴったり合う「シェラザル」も意外に便利な一品。

COOKER
クッカー

EPIのチタン製深型クッカーを使用。軽量で深さがあるため、レギュラーサイズのガスカートリッジとバーナーヘッドがそのまま入るところが気に入っている。フライパン代わりになる蓋は、熱伝導率が高すぎるので焦げつきに注意。

HOTSAND MAKER
ホットサンドメーカー

ちょっとイベントめいたランチを楽しむのにホットサンドメーカーは便利な調理具だ。なんでも大胆にパンに挟んで焼いてみると、新たな味の発見があるかも。写真は、比較的軽量で片側ずつ簡単に取り外しができるタイプ。

FOLDING TOASTER
フォールディングトースター

食パンサイズの折りたたみ式焼き網だが、炉端焼き感覚でいろいろなものをあぶって酒の肴にできる優れ物。エイヒレ、ホタルイカ、ベーコン等のほか、餅を焼くのも楽しい。自作のソフトケースに竹串とともに入れて持ち運んでいる。

KNIFE
ナイフ

ナイフ作家、故・福田稔作のカスタムナイフ。福田氏は宇都宮東高校山岳部の顧問を長年務められ、私も薫陶を受けたひとり。「お前をイメージして作った」と言って作ってくださったナイフは、小ぶりで繊細なデザインだが、よく切れる。

CUTLERY
カトラリー

昔は「ユンガースプーン」というアルミ製の折りたたみ式大型スプーン＆フォークセットがあって気に入っていたのだが、フォークの先が一本ずつ欠けて使えなくなり、今は100円均一ショップの木製箸とスプーンを使っている。

> 秒速
> 山ごはんを作る道具

げんさんの愛用セット

FRYING PAN
フライパン

焼き物だけでなく、茹でる、煮る、さまざまな料理のメイン調理道具として活用。直径18cmのアルミ製（エスビットのコーティング仕様）を愛用している。以前はチタン製を使用していたが、現在はこちらがお気に入り。

SIERRA CUP
シェラカップ

直接火にかけたり、盛りつけたり、飲み物を飲んだり、便利に使えるのがシェラカップ。げんさんはステンレス製のものを複数個使用。チタン製など、いろいろ市販されているので、用途や好みに応じて選んでもいい。

MESTIN

メスティン

アルミ製の角形飯ごう＝メスティンは、蒸し物料理を作るときに使用。大きさは大小2サイズあり、小さいほうが運びやすくて使い勝手がいい。中に敷く網は別売品だが、セットで持っているとなにかと便利に使える。

TITANIUM DISH

チタンの皿

げんさんが使用しているのはチタン製。軽量でかさばらない薄さが気に入っている。皿はアルミ製やプラスチック製などバリエーションが多いので、好みのものを。皿は、なければないでも事足りるが、一枚持っていると便利。

SINGLE BURNER

シングルバーナー

イワタニ・プリムスの「P-153」を長年愛用している。先代のモデルが壊れても、同じタイプを買い直したほど気に入っている名機。ロングセラーモデルだけに信頼性には定評があり、ガスカートリッジが入手しやすいのも利点。

KNIFE

ナイフ

ビクトリノックスのアーミーナイフを愛用。機能を絞り込んだモデルがげんさんのお気に入り。いろいろ付いていても、結局は使わないことが多い。それならば、シンプルで軽く、使いやすいのがいちばん、というチョイスだ。

CUTTING BOARD

まな板

山ごはんの調理に欠かせないまな板は、げんさんの自作オリジナル品。薄いが強度のある合板で、自分のバックパックのサイズに合わせてカットし、角を切り落としてバックパックの生地を傷つけない工夫にも注目。

編集長がアドバイス！

秒速山ごはんのポイント

ココが

簡単だから誰でもできる！

手早く山ごはんを作る秘訣は、ずばり"いろいろなモノや食材の助け"を借りて、手間と時間をなるべく省くこと。言い方を変えれば「手抜き」だけど、素早くおいしい料理が作れるのだから、結果オーライなのだ。レシピ本編に入る前に、秒速山ごはんを作る、10のポイントを紹介していこう。

1 お湯持参で時短に！

サーモスの「山専」保温保冷ボトル。900mlサイズが便利。秒速山ごはんの必需品

対談ページでも紹介しているとおり、"お湯は沸かさず運ぶ"のが秒速山ごはんの基本。サーモスなどの保温・保冷ボトルでお湯を持っていけば、温かい飲み物がすぐに作れるし、再沸騰させるのもあっという間なので、水からお湯を沸かすよりも、調理時間がグンと短くなる。ボトルの分だけ荷物が重たくなり、かさばるが、メリットが勝るだろう。保温・保冷ボトルをまだ持っていない人は、まずは入手を！　持っていて絶対に損はないアイテムだ。

2 フライパンはなにかと便利

炒める　茹でる　煮る

フライパン＝炒め料理用というイメージが強いが、パスタやそばなど茹でる料理も得意で、蓋を使えば煮る料理にもバッチリ対応する万能調理道具。口径は18cmのものが持ち運びやすく、オールラウンドに使えて便利。チタン製とアルミ製、コーティングあり・なしなどいくつかタイプがあるが、好みに応じて選ぼう。残念なのが、ぴったり合う蓋のバリエーションが少ないこと。山専用品でなくても、いい蓋を見つけたら入手しておくといいだろう。

③ 調味料の基本セット

基本の味つけが重要なのです！

ちょっと塩＆こしょうにこだわる

げんさんのセット

調味料は「塩・こしょう」を基本として、自分の好みや作る料理によって持っていくものをアレンジする。時短にこだわって、手間をかけずにシンプルに作る分、味つけのベースとなる塩・こしょうのクオリティにこだわると、おいしくなって満足度も高い。げんさんが山に持っていく基本セット（写真右）には、しょうゆ・七味唐辛子・ほんだし・コンソメ顆粒といったベーシックアイテムに加えて、トマトペーストやオリーブオイルが入っている点にも注目。

④ 調味料の"合わせワザ"が効く！

マヨ七味唐辛子
＋
しょうゆ

ソースマヨ

「マヨネーズ＋七味唐辛子＋しょうゆ」と「ソース＋マヨネーズ」。ある意味、調味料界最強のタッグといえるのが、これらの組み合わせだ。どちらも食欲をそそる濃いめの味つけになり、どんな料理にもマッチする驚くべき万能性。味つけの方向性が違ったり、微妙な仕上がりになったとしても、グイッと軌道修正してくれる、最後の砦的な存在だろう。これ以外にも、からしマヨ、柚子こしょうマヨなど、自分なりのアレンジを加えて創作する楽しみも。

13

5 レトルト＆インスタント食品を活用すべし

いろいろ進化しています！

常温保存できる
レトルトパック

インスタント
フーズ

パウチケース入りレトルト食品のバリエーションが増えてきた。以前は缶詰しかなかったシーチキンやさんま、さばの水煮なども、パウチケースのほうがかさばらず、容量も1人分にちょうどよく、ゴミもコンパクト。なにより、使用済みの缶を持ち帰る手間がないのがいい。常温保存ができるので、縦走にも使えるのが利点だ。インスタントフーズは、カレーメシ（写真右）をはじめ、味のクオリティが高い商品も多い。ぜひ料理のベースとして活用しよう。

6 冷凍食品が便利

冷凍シーフードミックスで料理の質感アップ（左）冷凍食品や凍らせた食材自体が保冷剤としての機能をもつ（右）

冷凍食品を使うと料理のクオリティアップが図れる。その代表選手が冷凍シーフードミックス。スープやカレーの具材として、パスタソースに加えるプラスワン食材として使うと、味のグレードが一気に上がる。スーパーやコンビニで簡単に入手できる点も心強い。冷凍とはいえ、鮮度を考えると夏山登山では初日の夕食までが限界だが、この便利アイテムを使わない手はないだろう。運搬時には凍らせた食材や水と同様、保冷剤としても活用できる。

⑦ コンビニ惣菜を上手に使う

コンビニおにぎり

から揚げ

　コンビニやスーパーで売っている惣菜は、最強の"時短食材"。そのまま食べられるおかずだけに、当然のごとく調理時間が短くてすみ、惣菜をメインの具材として使うと、味も保証付きで安心。コンビニのおにぎりはチャーハンやお茶漬けに、から揚げや「ファミチキ」などの揚げ物系は、スープで煮込むと衣からうまみが出て、料理全体のおいしさが加速する。惣菜を上手にアレンジして使えるようになると、秒速山ごはんのレパートリーもグンと広がる。

⑧ 家で仕込むいろいろワザ

家での仕込みがめちゃ楽しい！

はちみつ味噌豚

味噌玉

　味噌とはちみつを2：1の割合で混ぜ、豚バラブロック肉に塗って漬けた「はちみつ味噌豚」、味噌とほんだし、乾燥野菜を混ぜ合わせた「味噌玉」など、仕込み食材は時短調理の大きな味方。肉や野菜を炒めてバターやラードで固め保存性を高めた「ペミカン」も、万能タイプの料理ベースとして重宝する。これらの仕込み食材は、時短化のメリットもさることながら、山で作る料理をイメージしながら、家でアレコレ準備する行為自体が楽しかったりする。

9 だし＆〇〇の素を使いこなす

ほんだし（顆粒タイプ）やコンソメはスープや煮物だけでなく、炒め物などにも使える万能調味料。味つけがしっかりできるので、調味料をあれこれ使わなくてもいいというメリットも。お吸い物の素は、今回紹介している「にぎやか雑煮」（P52）や「松茸風味のはずだったリゾット」（P120）でも使っているが、ベースの味つけ用調味料としても秀逸な一品。いずれも小分け包装されていて軽量なので、調味料とセットで準備しておくと安心だ。

ひと味足りないときにも便利！

10 レシピを思いついたら、まずはトライ！

新しいレシピや食材の組み合わせを思いついたら、まずは作ってみるというチャレンジ精神が大切だ。想像以上においしい料理になるかもしれないし、失敗してもよし。なにかしらの新しい発見があるので、次につなげるモチベーションにもなる。山ごはん作りの初歩としては、"なんでも焼いてみる"ことから始めるのもいい。おにぎりやパンも、焼くだけでガ然おいしくなるし、満足度もアップ。自由な発想で、自分なりの山ごはんスタイルを見つけよう。

コンビニ惣菜のベーコンポテトサラダときんぴらごぼうを、まぜて焼いたら、想像を超えたうまさに（P32で紹介）。メロンパンをホットサンドメーカーで焼いたら、これまたうまい！（P56-57で紹介）。どちらも思いつき料理の成功例。

Part **1**

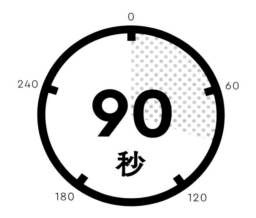

あっという間に完成!
激速90秒メニュー25

カニカマ
しょうが大葉あえ

調理時間 1分 / 60秒

カニカマと生しょうがは
味・食感ともに最高。
混ぜるだけメニューの
新定番誕生か!?

しょうがは
混ぜ合わせ
メニューの
最強パートナー

●材料
カニカマ …… 1パック(5本)
生しょうが …… 1パック
きゅうり …… 1/2本
大葉 …… 5枚

●調理用具
シェラカップ

1

シェラカップにカニカマを2〜3本分、ほぐして入れる。

2

細かく刻んだ生しょうがと大葉を加えて混ぜ、細切りにしたきゅうりを添え、カニカマ付属のカニ酢をかける。

Point 酸味の効いたしょうがの食感とカニカマの取り合わせが絶妙。疲れたときの食欲回復メニュー。

うにめかぶ
ちくわきゅうり

調理時間 1分 / 60秒

爽やかな食感と
磯の香りが
甘やかに合体した
ちくわ新レシピ

山で味わう
こたえられない
磯の香り！

● 材料
ちくわ …… 2本
きゅうり …… 1本
さけるチーズ …… 2本(100g)
梅肉チューブ …… 少々
うにめかぶ(瓶詰) …… 1本

● 調理用具
平皿

● うにめかぶとは
　商品名は「雲丹めかぶ」。2013年、大山に登った際に、米子鬼太郎空港の売店で発見した。ネパールに持ち込み、高山病で食が進まなかったときの「食の最終兵器」として大活躍。最近はデパートの食品売り場で見かけることも。

1

きゅうりを拍子木切りにする。

2

ちくわを縦に半分に切り、梅肉をちくわの溝に詰めてさけるチーズときゅうりをのせる。

3

うにめかぶをちくわの上にお好みの量をトッピングする。うにめかぶは単体で乗せて食べても充分にイケル！

Point ちくわの溝を使ってトッピング。うにめかぶなどの瓶詰食料との相性は抜群で、梅肉(赤)・きゅうり(緑)・チーズ(白)のイタリア国旗カラートリオの組み合わせも安定感がある。

アスパラの
バターソルト炒め

調理時間 1分

シンプル食材には
シンプルな味つけを。
炒め系おつまみの
ザ・原点回帰！

旬な食材は
シンプルな調理が
いちばん

● 材料
アスパラ …… 3〜4本
塩 …… 少々 (岩塩が理想)
黒こしょう …… 少々 (粗挽き)
バター …… ひとかけ

● 調理用具
フライパン

1

フライパンにバターをひいて、溶かす。

2

アスパラを入れ、軽く焦げ目がつく程度まで強火で炒める。

3

しんなりしてきたら、塩・こしょうで味を調える。

Point 下茹でせずに直接ソテーしたほうが食感もよく調理も早い。皮が固ければ事前にピーラーで削いでおくといい。

味噌玉の
冷たい水出し茶漬け

調理時間 1分

味噌玉のうまさを
シンプルに味わう
夏山にぴったりな
クール系メニュー

● 材料
味噌玉 …… 味噌(大さじ2)、
　ほんだし(スティックタイプ1/3本)、
　乾燥野菜(適量)
コンビニの塩おにぎり …… 1個
水 …… 適量

● 調理用具
大きめのシェラカップ

● 事前の仕込み
味噌玉を作る。
材料を混ぜ合わせ、丸めて
ラップで包む。大きさの目安は
1食分＝大さじ2杯程度。

1

コンビニおにぎりをシェラカップに
入れて、味噌玉をのせる。

2

冷水をそそいで、よく混ぜる。

●みその種類はお好みで
　今回は北アルプス蝶ヶ岳ヒュッテの神谷圭子さん手造りの「3年味噌」を使用。市販の商品とは段違いのうまみとコクが楽しめた。

Point お湯を入れれば雑炊になるが、あえて冷水を使うのがポイント。乾燥野菜も味噌の味がしみてウマイ！

24

かんたんトースト

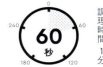

調理時間 1分

焼いて塗るだけ。
激シンプルな
簡単トースト
ベーシックレシピ

● 材料
食パン …… 3枚
カレーペースト（グリコちょい食べカレー）
　…… 2本（60g）
コンビーフ＆マヨネーズ
　…… 1パック（70g）

● 調理用具
フォールディングトースター

1

パンの両面をフォールディングトースターであぶり、軽く焼き目をつけてバターを塗る。

2

お好みのペーストを塗って食べる。

Point 山の上で食べるサクッとしたトーストの味わいは格別。便利なペーストを積極活用しよう。

コンビーフ
わさびしょうゆ

調理時間 1分

コンビーフだけど
目を閉じると、
口の中に広がる
馬刺し風の味わい

わさびしょうゆの実力をまざまざと実感できる一品

● 材料
コンビーフ …… 1缶
チューブわさび …… 適量
しょうゆ …… 少々

● 調理用具
平皿、シェラカップ

1

コンビーフの缶を切る。

2

形が崩れないように中身を出し、厚さ1cm程度に切り分ける。

Point ナイフは温めておくとスライスしやすい。ほかにもアボカドのスライスなど、わさびしょうゆの力を試してみよう（トロの味がする…かも）。

激烈シンプル！
男・涙の一本わさび

調理時間 1分 60秒

すったわさびを
肴に酒を飲む。
そんな夜を
過ごしたいあなたに

ああ、
日本酒が
俺を呼んでいる……

● 材料
生わさび …… 1本
しょうゆ …… 適量

● 調理用具
おろし板（鮫皮）

● メニューの由来
　北アルプスの某山小屋で、山岳救助隊の隊長に教えていただいた（見て盗んだ）メニュー。
　その日、私は山小屋のご主人と茶碗酒を酌み交わしていた。そこにパトロールから戻ったM隊長が登場。さっさと荷物を片付けて私たちの座に加わった。ご主人が酒肴をすすめると、「ああ、俺はこれで充分」と、ポケットから取り出したのが1本の茎わさびと鮫皮のおろし板。素早く、しかし丁寧にわさびをすりおろした彼は、そこに数滴、しょうゆを垂らして箸の先にのせて口に運んだ。次の瞬間、眉間にシワを寄せて目をつぶり、「んー」とうなりながら鼻から抜けるわさびの香りを楽しんでいる。そして「あー」と深く息を吐き出すとニッコリ笑い、茶碗酒に手を伸ばした。グイっと冷酒をあおると、また、ちびちびと箸の先につまんだわさびを舐める。その、実に自然な流れを見て、「これはホンモノの酒飲みだ」と実感した。
　あれからもう20年が経つが、自分はまだその域に達していない。ただ、真似ているだけだ。

1

わさびの茎を切り落とし、皮を削ぐ。

2

粘りを出しながら、おろし板ですりおろし、しょうゆを数滴たらす。

Point "の"の字を描くように、練るようにおろすと、粘りが出て辛みとうまみが増す。

ししゃものマヨセブン焼き

調理時間 1分 / 60秒

焼きししゃもを
山で楽しむ贅沢。
シンプルでうまい
簡単メニュー

● 材料
ししゃも（完成品）……1パック
マヨネーズ……適量
七味唐辛子……適量

● 調理用具
フォールディングトースター、
アルミホイル

1

フォールディングトースターにアルミホイルを敷き、中火でししゃもの両面を焼く。軽く焦げ目がついたらマヨネーズをかける。

2

仕上げに七味唐辛子をふる。

Point マヨネーズと七味唐辛子（セブン）は最強の取り合わせ。乾き物のディップにもどうぞ。＊池波正太郎は、小説のなかで七味を「なないろ」と呼ばせていたが、ここでは「セブン」と略称させていただく。

シャケ缶のちゃんちゃん焼き

調理時間 1分

ちゃんちゃん焼き
をシェラカップで
再現したら……。
マヨネーズ最高ッス

● 材料
シャケ缶 …… 1個
マヨネーズ …… 適量
七味唐辛子 …… 適量
調味味噌 …… 1パック(10g)

● 調理用具
シェラカップ

1

シェラカップにシャケ缶を汁ごと全部と、調味味噌を入れる。

2

マヨネーズ、七味唐辛子をお好みの量だけ入れる。

3

焦げつかないように、混ぜながら弱火で温め、仕上げに七味唐辛子をふる。

Point 調理味噌は味噌汁の素を使うと簡単。味噌とマヨネーズの組み合わせが絶妙に味を引き立てる。

ポテきん焼き

調理時間 1分

ポテトサラダときんぴら
ごぼうの奇跡的な出会い。
衝撃的にうまい、
混ぜ焼きスタイル

● 材料
ベーコンポテトサラダ
　（コンビニ惣菜）……1パック
きんぴらごぼう
　（コンビニ惣菜）……1パック

● 調理用具
フライパン

1

最初にフライパンにきんぴらごぼう
を入れて、中火で軽く炒め、ポテト
サラダを投入。

2

きんぴらごぼうとポテトサラダがよく
混ざるように、かき混ぜながらさら
に炒める。お好みで七味唐辛子を
ふる。

Point 「和洋総菜のサイドメニューが夢のコラボ」などと言うと大げさだが、間違いなく合う！

ちくわのマヨ柚子こしょう

調理時間 1分30秒

ちくマヨの
おいしさを
柚子こしょうが
引き立てる!

● 材料
ちくわ …… 2本
刻みねぎ …… 少々
糸唐辛子 …… 少々
マヨネーズ …… 小さじ2
柚子こしょう …… 少々

● 調理用具
シェラカップ

1

ちくわを斜め切りにする。

2

シェラカップにマヨネーズと柚子こしょうを入れて混ぜる。

3

ちくわを加え、刻みねぎとあえ、糸唐辛子をちらす。

Point マヨネーズと柚子こしょうは、あらかじめ混ぜておくとなじみやすい。

きゅうりとみょうがの梅昆布茶あえ

調理時間 1分30秒

梅干し&梅昆布茶の
"ダブル酸味"が
疲れた体にしみる
シャッキリおつまみ

● 材料
きゅうり …… 1本
みょうが …… 1個
梅昆布茶 …… 小さじ2
梅干し（大）…… 1個

● 調理用具
シェラカップ、ポリ袋

1

きゅうりを拍子木切りにする。

2

きゅうりをポリ袋に入れ、梅昆布茶を加えてよくもみ込む。

3

千切りにしたみょうがとたたいた梅干しを、きゅうりとあえる。

Point 梅昆布茶は、塩分もうまみも酸味もあって、ひとつで味が決まる重宝な調味料だ。

キャベツと新しょうがの即席漬け

調理時間 1分30秒

塩昆布のうまみと
新しょうがの
ピリリ感が絶妙な
スーパー簡単おつまみ

● 材料
キャベツ …… 1/8玉
岩下のおつまみ新しょうが
　（小袋）…… 3袋
塩昆布 …… 小さじ2
唐辛子（輪切り）…… 少々

● 調理用具
シェラカップ、ポリ袋

1

キャベツはザク切り、新しょうがは干切りにする。

2

ポリ袋に、キャベツと新しょうが、塩昆布、唐辛子を入れ、よくもみ込む。

3

味をなじませて、シェラカップに盛る。

Point 塩昆布を使うことで、ほかの調味料もいらず、昆布だしが効いた味わいになる。

シンプル一番！
おにぎりチャーハン

調理時間 1分30秒

90秒

おにぎりを
炒めるだけで
本格料理に超絶進化。
ベーコンも相性抜群

絶対に失敗しない
超簡単メニュー！

● 材料
コンビニチャーハンおにぎり …… 2個
ベーコン …… 1パック
白ねぎ …… 適量
こしょう …… 少々

● 調理用具
フライパン

1

フライパンを熱して、ベーコンを軽く炒め、油をなじませる。

2

おにぎりを投入してよくほぐし、白ねぎを入れて軽く炒める。

3

仕上げにこしょうをお好みの量だけふる。

Point そのままでもおいしく食べられるコンビニチャーハンが、火を入れ直すことで劇的に進化。フライパンの実力を思い知ることだろう。

元祖！コンビニおにぎり
ツナチャーハン

調理時間 1分30秒

ツナ＋マヨネーズで
マズいわけがない！
山チャーハンの、
これがベーシック

コンビニおにぎり
ツナチャーハンの
ルーツはここにあり！

● 材料
コンビニおにぎり …… 1個
シーチキン …… 1缶
マヨネーズ …… 適量
しょうゆ …… 適量

● 調理用具
フライパン

1

フライパンに、シーチキン汁ごと全部とおにぎりを入れて、中火で炒める。おにぎりの海苔はあとから使うので、とっておく。

2

シーチキンとごはんがよく混ざったら、マヨネーズを入れてよくなじませ、しょうゆをまわしかける。

3

ツナに少し焦げ目がつくらい炒めたら、おにぎりから外した海苔をちぎって、ふりかける。

Point 『シェルパ斉藤のワンバーナークッキング』（枻出版）にアイデア提供し、NHKの「実践！にっぽん百名山」でも紹介した元祖・定番山メニュー。

さっぱり味の"酸ライズ"にゅうめん

調理時間 1分30秒 / 90秒

汗をかいて
疲れた体に
染みわたる
うまみと酸味

すだちと梅の酸味が
サワーッと立ち昇る！

● 材料
素麺 …… 1束
梅茶漬けの素 …… 1袋
すだち …… 1個
梅干し …… 1個
ポッカレモン …… 適量
湯(水) …… 400ml

● 調理用具
フライパン

1

フライパンで素麺を1分ほど茹でる。

2

梅茶漬けの素を入れて、軽く混ぜる。

3

すだちを輪切りにしてちらし、梅干しを入れて、ポッカレモンをお好みの量だけまわしかける。

Point ポットにお湯を用意しておけば素麺は1分で茹で上がる。梅茶漬けの代わりに梅昆布茶の素を使ってもいい。

41

カマンベールで
チーズフォンデュ

調理時間 1分30秒
90秒

仲間と一緒に、
自分ひとりで。
これぞ究極の
オシャレ山ごはん

やってみると
意外にカンタン！

● 材料
[チーズフォンデュのベース]
カマンベールチーズ …… 1個（100g）
とろけるチーズ …… 1袋（120g）
スキムミルク（スティックタイプ）…… 1本
白ワイン（ミニボトル）…… 1本（250ml）
[具材]
ポテト＆ソーセージ（コンビニ惣菜）…… 1個
うずらの卵（コンビニ惣菜）…… 1パック
野菜スティック（コンビニ惣菜）…… 1パック
バゲット …… 適宜
ミニトマト …… 適宜

● 調理用具
フライパン、竹串

1

小さめのフライパンにアルミホイルを敷き、白ワインを注いでアルコールを軽く飛ばす。

2

1にカマンベールチーズ、とろけるチーズを入れ、ダマにならないようにかき混ぜながら弱火で温める。

3

仕上げにスキムミルクを投入してよくかき混ぜ、ねっとりしてきたらベースが完成。

Point 竹串はダブルで使うと具材をチーズにからめやすい。

43

"加糖"文太郎しるこ

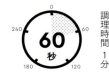

調理時間 1分

単独行の偉大な先輩を
リスペクト。加藤ならぬ
"加糖"で攻める
究極的甘党メニュー

● 材料
スライスもち（3秒タイプ）…… 4枚
甘納豆 …… 100g
コンデンスミルク …… 適量
水 …… 100ml

● 調理用具
シェラカップ

1

シェラカップに甘納豆と水を入れ、沸騰する手前で弱火にして、スライスもちを割り入れる。

2

もちがとろとろになったら、コンデンスミルクを注入してさらに"加糖"する。

Point 冬の寒い季節に体を中から徹底的に温めるホットメニュー。

山の燻製ポテサラ

調理時間 1分30秒

スモーキーな
味わいに舌鼓。
手作り感覚の
簡単ポテサラ

● 材料
マッシュポテト …… 1袋
きゅうり …… 1/2本
うずら卵の燻製 …… 4個
スモークチーズ …… 4個
チーズパスタソース …… 1袋
黒こしょう …… 少々
水 …… 120ml

● 調理用具
シェラカップ

1

きゅうりは薄切りに、チーズ、うずら卵を小さく切る。

2

シェラカップで湯を沸かし、マッシュポテトに加えてよく混ぜ、パスタソースをあえる。

3

きゅうり、チーズ、うずら卵を加えて混ぜ、黒こしょうをふりかける。

Point チーズパスタソースがないときは、マヨネーズを使ってスタンダードなポテトサラダに！

イカなんこつとセロリの一味マヨあえ

調理時間 1分30秒

いかとセロリが
絶妙にマッチ!
ビールが進む
超簡単おつまみ

● 材料
イカなんこつ（おつまみ）…… 1袋
セロリ …… 1/3本
マヨネーズ …… 小さじ2
一味唐辛子 …… 少々

● 調理用具
シェラカップ

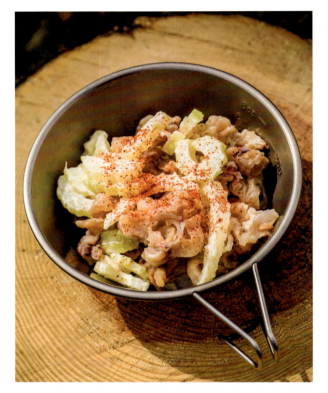

1

セロリを薄切りにする。

2

いかなんこつとセロリをシェラカップに入れ、マヨネーズであえる。

3

一味唐辛子をふる。

Point セロリはあらかじめ、スジを取っておくと食感がよくなる。

山のウニイカ

調理時間 1分30秒

コンビニ珍味食材が塩ウニで大変身！
唸るおいしさの贅沢な一品

● 材料
いかくん …… 1袋
きゅうり …… 1本
塩 …… 少々（小さじ1/4）
塩ウニ（瓶詰）…… 1本
日本酒 …… 少々

● 調理用具
シェラカップ

1

シェラカップにいかくんを開け、少量の日本酒をたらしてもどす。

2

きゅうりに塩をまぶして軽くもみ、ざっくり割っていかくんと合わせる。

3

塩ウニをたっぷりのせて混ぜる。

Point 少量の日本酒を加えることで、いかくんの加工品ぽさを払拭してくれる。

秒速！
もちしゃぶ祭り

調理時間 1分

3秒で食べられる
超速スライスもちを
お好みの味つけで。
腹持ちもグー！

しゃぶしゃぶ3秒！
オドロキの秒速メニュー

● 材料
スライスもち（3秒タイプ）
　…… 1パック（150g）
ぜんざい（レトルト）…… 1パック（160g）
きな粉 …… 小袋2（36g）
のり …… 適量
しょうゆ …… 適量

● 調理用具
コッヘル（フライパンでも可）、
シェラカップ

1

ぜんざい、きなこ、のり、しょうゆを準備しておく。

2

スライスもちを湯に3秒くぐらせる。湯につけすぎると溶けるので手早くササッとがコツ。

3

お好みの味つけで食べる。

Point ゴマのドレッシングにつけたり、パスタソースにからめて食べるのもおいしい。

瞬速！
松茸（風味）雑煮

調理時間 30秒

5秒で戻るスライス
もちで作る超速雑煮。
秒速山ごはんの
最速記録更新か!?

速さは正義だ！
（byハラペコ男子）

● 材料
スライスもち（5秒タイプ）
　……1パック（150g）
お吸い物の素（永谷園のお吸いもの・松茸味）
　……1袋
みつば（フリーズドライ）……1袋
湯……150ml

● 調理用具
コッヘル、
または
大きめのシェラカップ

1

スライスもち（3枚程度）をコッヘルに入れて、お吸い物の素と合わせる。

2

湯を注いで軽く混ぜる。待ち時間はたったの5秒！

3

仕上げに乾燥みつばを入れる。

Point ランチのサイドメニューとしても活躍する超スピードメニュー。

超速!
うな茶漬け

調理時間 1分

おいしくて簡単。
うな茶漬けだって
工夫次第で手軽に
楽しめます

頑張った自分への
一点豪華
ごほうびメニュー

● 材料
うなぎ蒲焼き（レトルト）…… 1袋
コンビニおにぎり（塩にぎり）…… 1個
きざみ小ねぎ …… 適量
つぶあられ …… 適量
ほんだし（スティックタイプ）…… 1/3本

● 調理用具
シェラカップ、シェラざる

1

おにぎりを湯通しして、ごはんのぬめりを取る。湯通しした後のお湯は、温め直してだし汁として使う。

2

崩したごはんの上に、ひと口大にカットしたうなぎをのせる。

3

だし汁をかける。仕上げにきざみ小ねぎ、つぶあられを適量ふる。

Point あつあつのだし汁をかけるのがポイント。お好みできざみ海苔を入れ、ワサビを添えてもいい。

ベイクドメロンパン
はちみつ添え

調理時間 1分 / 60秒

メロンパンを
焼いてみると
想像以上の
おいしさに！

つぶされても
焼かれても
けなげに守る
メロン風味

● 材料
メロンパン …… 1個
はちみつ …… 適量
バター …… ひとかけ

● 調理用具
ホットサンドメーカー

1

ホットサンドメーカーを中火で温め、両面にバターを塗る。

2

メロンパンを入れて1分程度、中火で両面を焼く。焼きすぎると焦げるので注意。

3

焼き上がったら、はちみつをたっぷり塗る。

Point ふんわりしたメロンパンをホットサンドメーカーでわざわざつぶして焼くという背徳感。でも、カリッ、サクッの食感がたまらない。

コラム 1 編集長の山ごはん

主食は甘納豆？
加藤文太郎の
秒速メニュー

　冬山登山がまだ一般的でなかった昭和初期に、たった一人で厳冬の北アルプスを縦走して世間を驚かせた"不世出の単独行者"加藤文太郎。彼の遺稿集『単独行』には超人的な行動記録が記されているが、そのなかに食事のシーンが描かれているので紹介しよう。

　「幸い食料も燃料も、充分持っているし、防寒具も相当あるので、ここで露営することにした。で、岩を掘出しワカンとザイルを敷物にして腰掛を作る。いつの間にか雪が降り出してきた。手早くコッヘルを出して雪と甘納豆をほうり込み火をつける。雪がそろそろ解け出すと氷小豆という奴になっているのでもうたべられる。殊に身体の疲れている折などは冷い物の方がのどを通りやすい。そしてそれがあつくなった頃にはほとんどすくい上げられているし、アルコールも燃えつくしている。腹も出来たのでまず一眠りと、合羽をぐるぐる身体に巻付け風の入らないようにして横になった。」(『単独行』 穂高にて)

　雪が降るなか、合羽を体に巻きつけただけでビバークしてしまうタフネスぶりには驚かされるが（注・場所は北穂高岳～涸沢岳間の、国内

伝説の単独行者、
加藤文太郎

でも屈指の岩稜地帯である）、甘納豆を行動食だけでなく主食として扱っていたところに、彼独自の食事への工夫が見られる。氷小豆なら雪を入れて10秒とかからずにできてしまうし、そのまま温めて汁粉にするというのも、厳寒の食事としては理にかなっている。

　ところで、彼はほかにどんなものを食べていたのだろう。兵庫県新温泉町にある加藤文太郎記念図書館を訪れた私は、特別に許可を得て彼の手帳を複写させていただいた。「食糧等」と書かれたページには、羊羹、干柿、カタパンといった品目が書かれていて、もちろん甘納豆もある。目にとまったのは、甘納豆の下に書かれていた「1日200匁」の文字だった。

　200匁をグラムに換算すると約750g。これは、かなり重い。1週間の山行だと5kgを超える。いったいどれだけ甘いもの好きなんだと、素朴に感心したものだった。

　とはいえ、フリーズドライ食品も軽量ガスコンロもなかった時代に、加藤が考えた甘納豆の氷小豆＆簡易汁粉は、実に実戦的な「秒速メニュー」なのだといえるだろう。

手帳には「アマ納豆 1日200匁」とある

甘納豆、1食分（約250g）。1日の量はこの3倍！

編集長の山ごはん コラム 2

行動食はパウンドケーキ
青学山岳部の
スイーツランチ

　加藤文太郎の甘納豆1日750gには驚いたが、ふと思い返すと、自分もまた大学山岳部時代に似たような甘いモノ大作戦をやっていたのだった。

　3週間にも及ぶ冬山合宿での悩みの種は行動食。長期保存が可能なパンやビスケットを用意したこともあったが、口の中がパサパサして食べにくい。そこで先輩たちが考えたのがパウンドケーキであった。

　大学の近くに「青山アンデルセン」という有名なベーカリーがある。ここのパウンドケーキはチーズ、マーブル、チョコ、フルーツの4種類があり、薄くスライスして午後のティータイムに添えると喜ばれる人気商品であった。しかし先輩たちはこれを冬山の行動食にと考えた。パンとは違って、しっとりとしていて食べやすく、腹持ちもいいからである。

　合宿が近づくと、長さ約20cmのパウンドケーキを注文し、3分の1の厚さにカットして個別包装してもらった。極厚パウンドケーキ「青学スペシャル」の出来上がりである。これを4種類、人数と日数によっては200個近く用意して、雪山登山のエネルギー源としていたものだった。

　行動食以外でも、当時の冬山用食糧には大学山岳部なりの工夫をしていたものがある。その代表が「ペミカン」だろう。

　ペミカンとは北米インディアンの保存用食品が語源で、干した牛肉に脂肪や果実を混ぜてつき固めた携帯食糧を指す。これを応用し、タマネギやニンジン、ジャガイモなどを肉とともに炒め、ラードまたはバター漬けにしてビニール袋にパックして持ち運んだものだった。冬山なら寒さですぐに固まって保存も運搬も楽になる。沸かしたお湯にこれを投入し、カレーやシチューのルーを入れればそのままカレーやシチューが、味噌を溶けばトン汁が出来上がるという便利な食材であった。

　さらに、私たちが工夫したのは醤油の運搬方法である。醤油を液体のまま運ぶのは危険なので、大量の削り節を醤油で煮込むという方法を考えた。出発前に、大鍋5～6杯分の削り節を1ℓの醤油でジワジワと煮詰めていく。これをビニールパックして運び、ペミカンと餅を煮込んだ鍋にひとつまみ入れれば出汁の効いた雑煮の出来上がり。醤油で煮詰めた削り節はそのまま食べてもおいしく、炊きたての白米にのせた「おかかごはん」も非常時には好評だった。

　こうして、冬山合宿前の山岳部の部室は、パウンドケーキの甘い匂いにペミカンのラードの香りが加わり、削り節を煮込んだ醤油臭がブレンドされて、えも言われぬ状況となっていたのだった。

剱岳をバックに、40kgの荷を背負って大日尾根を行く

若者たちのエネルギー源は極甘ランチとペミカンディナーであった

編集長の山ごはん コラム 3

冒険家に学ぶ スパゲッティの超攻撃的 食べ方

その昔、雑誌『山と溪谷』の取材で谷川岳一ノ倉沢のクラシックルートを登りに行ったときの話である。パートナーに田中幹也、カメラマンは保科雅則。3人で撮影をしながら烏帽子南稜を登り、国境稜線に抜けたところで遅めのランチタイムとした。

ここで私は驚くべき光景を目にする。

幹也さんがスパゲッティの袋をバリッと開けたかと思うと、その中に付属のミートソースをビューッとかけ入れ、袋のまま手にとってムシャムシャと食べ始めたのである。私がコンビニおにぎりのセパレートされた海苔を丁寧に巻き直している間に、彼はすでにスパゲッティミートソースを口にしていた。なんというスピード。そしてなんというワイルドさ。

あっけにとられた私が、「ねえ、それって温めなくてもいいの？」と聞くと、

「あ、ゆで麺だから大丈夫。山ではいつもこのまま食べてます」との答え。

谷川岳・一ノ倉沢烏帽子南稜を登る（写真＝萩原浩司）

パスタは腹持ちがいいので、トライアスロンの大会などでは前夜祭にスパゲッティ主体のカーボローディングパーティが開かれることもある。持久力を必要とする登山にもピッタリの食事メニューなのだ。しかし、これを乾麺から茹でると大量の水が必要となり、茹で汁の処理にも困るため、あまり登山向きとは言い難い。その点、ゆで麺なら少々重いが携行も楽だし、調理もフライパンで炒めるだけなので理想の食材といえるだろう。

しかし、さすがに加温もせず、皿やフォークも使わず、そのままソースを混ぜて袋にかぶりつくという食べ方は想像の域を超えていた。

第一線のクライマーとして活躍しながら、のちに厳冬期のカナダ中央平原2万2000km踏破といった水平の世界に活動の場を移し、2014年には植村直己冒険賞を受賞した田中幹也さん。地味に凄いことをサラリとやってのける冒険家のランチは、昔から常識破りの超絶秒速メニューであった。

ミートソースを
ダイレクトに
ゆで麺に投入して…

おもむろに食らいつく。
真の冒険家は、
麺の食べ方まで
冒険的であった

Part **2**

カップ麺に負けない！
激ウマ3分メニュー22

ツナとゴーヤの
マヨポン和え

調理時間 2分

定番食材を
混ぜるだけ！
絶対ハズさない
安定のうまさ

疲れた体に
ゴーヤの苦味と
さっぱりポン酢が
ぴったり！

● 材料
ゴーヤ …… 1/4本
ツナ …… 1袋（パウチタイプ）
マヨネーズ …… 小さじ2
ポン酢 …… 少々
かつおぶし …… 小袋1

● 調理用具
シェラカップ

● 事前の仕込み
ゴーヤはワタを取り除き、
細切りにして
サッと塩茹でして
冷凍しておく。

1

ゴーヤにツナを合わせ、マヨネーズを加える。

2

お好みでポン酢をかけ、よく混ぜる。

3

仕上げにかつおぶしをのせる。

Point ツナは缶詰でももちろんいいが、パウチタイプのものがかさばらずに便利。

61

したらばとクリームチーズ
洋風おつまみ

調理時間 2分 / 120秒

速攻メニューと
あなどるなかれ！
衝撃のクリームチーズ
マジック

チーズとしたらばの
仲をとりもつ
ねぎ＋しょうゆ

● 材料
したらば（カニ風味カマボコ） …… 1本
クリームチーズ …… 大さじ2
しょうゆ …… 少々
小ねぎ …… 少々

● 調理用具
シェラカップ

1

したらばをひと口大にちぎってシェラカップに入れ、クリームチーズを加え混ぜる。

2

小ねぎをきざみ、したらばとクリームチーズにたっぷりかける。

3

最後にしょうゆをまわしかける。

Point 小ねぎのピリッとした辛みが、味に変化をつけてくれる。

カニ缶
山のテリーヌ風

調理時間 3分 / 180秒

見目麗しい一皿は
まるでフレンチの前菜！
カニの風味とポテトサラダが
こんなにも合うなんて

キリリと冷やした
白ワインのお伴に

● 材料
カニ缶詰 …… 1缶
コンビニのポテトサラダ …… 1袋
マヨネーズ …… 少々
ピンクペッパー …… 少々
ディル …… 少々

● 調理用具
平皿、スプーン

● 事前の仕込み
カニ缶は、
汁と中身を
少し食べておく。

1

カニの身をスプーンで缶底に押しつけて固める。

2

1にポテトサラダを缶のふちくらいまでしっかり詰める。

3

缶に平皿をかぶせ、一気に逆さまにして2を出す。マヨネーズをかけて、ピンクペッパーをちらし、ディルを飾る。

Point 缶にポテトサラダを詰めた後、スプーンで周りに隙間をつくっておくと型抜きしやすい。

桃缶詰と生ハムの
ゴージャスオードブル

調理時間 3分 / 180秒

生ハムの塩気と
桃の甘みを
フレッシュに味わう
おしゃれ系おつまみ

今日はシャンパンで始めようか！

● 材料
桃の缶詰 …… 1缶
生ハム …… 8枚
クリームチーズ …… 適量
ベビーリーフ …… 適量

● 調理用具
平皿

1

平皿にベビーリーフを敷き、桃をバランスよく盛りつける。

2

クリームチーズをひと口分ずつ盛りつける。

3

生ハムを丸めて桃・クリームチーズの間に添える。

Point イチジクの季節なら、缶詰の代わりに生イチジクを使うと、より本格的な一品に。

66

チーズ生ハムロール

調理時間 3分

実力派食材を
くるくるロール。
ミルフィーユな
美味ハーモニー

雲海に沈む
夕日を見ながら
アペリティフに合わせて

● 材料
スライスチーズ …… 4枚
生ハム …… 4枚
ルッコラ …… 少々
マヨネーズ …… 少々
黒こしょう（粗挽き）…… 少々

● 調理用具
平皿

1

チーズ2枚の端を重ねて並べ、生ハムとルッコラをのせてマヨネーズをかける。

2

黒こしょうをふり、チーズの端から巻く。

3

食べやすい大きさに切る。

Point 切り分けるときにロールが崩れやすいので、大ぶりに切るのがコツ。

69

きゅうりと玉ねぎの
カレーマヨあえ

調理時間 3分

玉ねぎ＆カレー
スパイスがダブルで効く
夏の食欲増進系
おつまみ

● 材料
きゅうり……1本
玉ねぎ……1/4個
マヨネーズ……大さじ1
カレーパウダー……少々
塩……小さじ1
ピンクペッパー……少々

● 調理用具
シェラカップ、ポリ袋

1

きゅうりは縦に半割にしてから薄切り、玉ねぎは薄くスライスしてポリ袋に入れ、塩を加えてよくもみ込む。

2

1をシェラカップに移し、マヨネーズとカレーパウダーを加えてよく混ぜる。

3

仕上げにピンクペッパーをちらす。

Point あえ物を作るときには、ポリ袋が重宝するので複数枚常備しておこう。

サラミとキャベツの
カレー風味

調理時間 3分

レモンの酸味が
アクセントに！
シャッキリ系
爽快おつまみ

● 材料
生サラミ …… 8枚
キャベツ …… 1/8玉
カレーパウダー …… 小さじ1
塩 …… 少々
レモン …… 1/2個

● 調理用具
平皿、ポリ袋

1

キャベツと生サラミは細切りに、レモンは輪切りにしてさらに6等分に切る。

2

ポリ袋に、キャベツと生サラミを入れ、カレーパウダーと塩を加えて振って混ぜる。

3

平皿に2を盛りつけ、レモンをトッピングする。

Point キャベツの芯は食べにくいので、事前に切り落としておく。

パルミジャーノときゅうりの
カルパッチョ風

調理時間 3分

オリーブオイルと
カルパッチョソースで
洋風おつまみに
大変身！

● 材料
きゅうり …… 1本
パルミジャーノチーズ …… 20g
カルパッチョスパイス
（ハウススパイスクッキング） …… 1袋
オリーブオイル …… 大さじ1
ピンクペッパー …… 少々
塩 …… 少々

● 調理用具
シェラカップ、スライサー、皿

1

きゅうりを一本塩もみし、薄くスライスして皿に盛る。

2

カルパッチョのスパイスとオリーブオイルを別のシェラカップで混ぜ、きゅうりにまわしかける。

3

ナイフで削ぎ切りにしたチーズをきゅうりの上にのせ、ピンクペッパーをちらす。

Point きゅうりはナイフで切ってもいいが、小さなスライサーがあると手早く簡単にできる。

最強最短！
えのきとベーコンの"アホ"焼き

調理時間 3分

アホ＝アルミホイルで
なんでも蒸し焼きに！
成功が約束された
安定感抜群の味

● 材料
ベーコン …… 1パック（40g）
えのき …… 1束
大葉 …… 5枚

● 調理用具
フォールディングトースター、
つまようじ、
アルミホイル

1

えのきの根元を切り落とし、ひと口分をベーコンと大葉で巻き、つまようじでとめる。

2

アルミホイルで包み、弱火で1分ほど焼く。

3

焼き上がったら、仕上げにしょうゆをお好み量たらす。

Point 焚き火ができる場所なら火のかたわらに放り込んで焼くのも野趣満点、簡単でおいしい。

トマトときゅうりの
梅昆布茶マリネ

調理時間 3分

新しょうがの
辛みアクセント＆
梅昆布茶風味が
絶妙にマッチ！

● 材料
きゅうり ⋯⋯ 1本
ミニトマト ⋯⋯ 6個
岩下のおつまみ新しょうが
（小袋）⋯⋯ 2袋
オリーブオイル ⋯⋯ 小さじ1
梅昆布茶 ⋯⋯ 小さじ1

● 調理用具
シェラカップ、ポリ袋

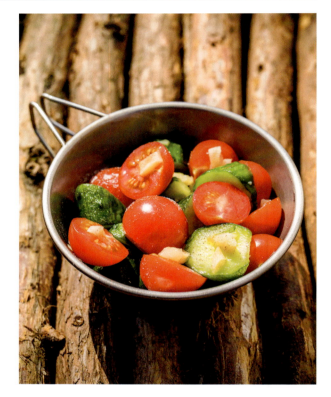

1

ポリ袋に、乱切りにしたきゅうりと梅昆布茶を入れ、よくもみ込む。

2

新しょうがを粗みじん切りにし、1と合わせ、よく混ぜる。

3

半分に切ったミニトマトと、梅昆布茶少々を加え、オリーブオイルをまわしかける。

Point 辛みと酸味を加えたいときに、おつまみしょうがはとてもいい仕事をしてくれる。

サンマ蒲焼きと
きゅうりのしょうがあえ

調理時間 3分

蒲焼きの味つけ＋
おつまみしょうがの
酸っぱさ＆辛みが
味のアクセントに！

● 材料
サンマの蒲焼缶詰 …… 1缶
きゅうり …… 1本
岩下のおつまみ新しょうが
　（小袋）…… 1袋
糸唐辛子 …… 少々

● 調理用具
シェラカップ

1

きゅうりを拍子木切りにし、シェラカップでサンマの蒲焼きとあえる。

2

新しょうがを千切りにし、1に混ぜる。

3

糸唐辛子をトッピングする。

Point おつまみしょうがを加えることで、味が引き締まって缶詰料理がグレードアップ！

75

燻製チョリソー
チーズ焼き

調理時間 3分

缶詰をそのまま
食べるよりも
数段おいしい
チーズマジック

ほんのひと手間で
味が劇的に変わる楽しさ！

● 材料
燻製チョリソー缶詰 …… 1缶
とろけるスライスチーズ …… 1枚
ピンクペッパー …… 少々
水 …… 少々

● 調理用具
シェラカップ

1

チョリソーの缶詰に水を少したらし、スライスチーズをちぎってのせ、弱火にかける。

2

シェラカップを蓋がわりにして、弱火で煮る。

3

チーズがとろけてきたら、ピンクペッパーをちらす。

Point チョリソーがないときは、ソーセージ缶で代用し、一味唐辛子などで辛さを加える。

なんちゃって酢豚

調理時間 3分

から揚げだけど
味は酢豚！
酸味が効いた
本格中華が誕生

体が芯から欲する
絶妙な甘辛酸っぱさ

● 材料
から揚げ（惣菜）…… 4個
ピーマン …… 1個
じゃがいも …… 1個
にんじん …… 1/3本
酢豚の素（味の素クックドゥ）
　　…… 1袋

● 調理用具
フライパン

● 事前の仕込み
火の通りの悪いにんじんと
じゃがいもは下茹でしたものを
チャック付き密封袋に入れて
持っていくか、コンビニで
買える下茹で野菜セットを
使うと便利。

1

フライパンでピーマンと、下茹で済みのにんじん、じゃがいもをサッと炒める。

2

市販のから揚げを入れて、さらに1分ほど炒める。

3

酢豚の素を投入して、たれが全体に行き渡るように混ぜながら温める。

Point 豚でなくから揚げを使うのがポイント。疲れた体に甘酸っぱい酢鶏が食欲をそそる。

ぎょうざの皮ピザ

調理時間 3分

丸くて小さな
キャンバスに
おいしい絵を
描いてみよう

楽しい！
おいしい！
見た目がきれい！

● 材料
ぎょうざの皮（餅粉入り） …… 1パック
スライスサラミ …… 1パック
アンチョビ缶詰 …… 1個
ミニトマト …… 10個
コンビーフハッシュ（レトルトパック） …… 1個
コーン（レトルトパック） …… 1パック
とろけるチーズ …… 3枚
ピザソース …… 1本
バター …… ひとかけ

● 調理用具
フライパン

1

ぎょうざの皮にピザソースをお好み量塗る。具材はそれぞれ1〜2cm角程度の大きさに切り分けておく。

2

1の上にカットしたチーズをのせ、その上に好みの具材をのせて、バターをひいたフライパンで焼く。

Point 子どもが大喜びのお楽しみメニュー。番組で紹介して以来、山で実践する人を見かけるようになった。ピザソースはふちのギリギリまで塗らず、ふちを少し残しておくと生地が内側に反って具を包み込む。

イカフライ天丼

調理時間 3分

イカスナックが
めんつゆと出会い
かき揚げ風の
おいしさに超進化

● 材料
イカ姿フライ …… 2枚
パックごはん …… 1個
玉ねぎ …… 1/2個
温泉卵 …… 1個
紅しょうが …… 適量
七味唐辛子 …… 少々
水 …… 少々

● 調理用具
フライパン、
コッヘル（または大きめのシェラカップ）

1

フライパンでくし型切りにした玉ねぎを、薄めためんつゆで炒める。

2

イカフライをひと口大サイズに割って入れ、めんつゆとよくからませながら煮る。

3

コッヘルによそったごはんの上に盛りつけ、半熟卵を割り落として、紅しょうがをのせる。お好みで七味唐辛子をふる。

Point パックごはんは家で温めておくと、温める手間がはぶける。チープなスナック菓子がディナーの主役に変身する感動を味わおう。

アボカド納豆キムチ

調理時間 2分

主役級の食材が
豪華饗宴!
うまみ爆発の
超速おつまみ

● 材料
納豆 …… 1パック
アボカド …… 1個
キムチ …… 1/2瓶(100g)
温泉卵 …… 1個
しょうゆ …… 適量

● 調理用具
シェラカップ

1

アボカドを半分に切り、種を取り除く。

2

アボカドの身をざく切りにして、納豆、キムチと合わせて盛りつけ、温泉卵を割り落とす。

Point 発酵食品の二大横綱、納豆＆キムチに、マグロのブツをイメージしたアボガドを投入。
混ぜ合わせてしょうゆをかければ居酒屋メニューの出来上がり。

タコときゅうりの韓国海苔あえ

調理時間 3分

タコときゅうりは
意外と合う！
失敗なしの
スピードおつまみ

● 材料
ボイルタコ（足部分）…… 小1本
きゅうり …… 1本
韓国海苔 …… 1袋
塩 …… 少々（小さじ1/4）
オリーブオイル …… 少々

● 調理用具
シェラカップ

● 事前の仕込み
刺身用のボイルタコの
表面にサッと熱湯をかけ、
よく水分を拭き取って
冷凍庫で2日間凍らせておく。

1

きゅうりに塩をまぶしてポリ袋の中で塩もみにし、ポリ袋に体重をかけて、押しつぶしながらひと口大にし、タコもひと口大に切る。

2

きゅうりとタコを合わせ、そこにオリーブオイルを加えて混ぜる。

3

韓国海苔を細かくちぎってあえる。

Point 夏場は凍らせたタコと冷凍したペットボトルを保冷バッグに入れて運ぶ。

キムマヨ焼きそば

調理時間 3分

キムチ＆マヨという
スター選手に
温泉卵が合体。
王道ここに極まる！

● 材料
やきそば（ゆで麺）……1袋
キムチ……1/2瓶（100g）
温泉卵……1個
マヨネーズ……適量

● 調理用具
フライパン

1

熱したフライパンにマヨネーズを入れて、フライパン全体になじませる。

2

やきそばの麺を投入し、ほぐしながらマヨネーズとからめて炒める。

3

キムチを入れて麺となじませながら炒め、全体に火が通ったら、仕上げに温泉卵を割り落とす。

Point マヨネーズの酸味とキムチの辛酸っぱさが抜群に合う！　後悔したくなければお代わりの分まで作っておくこと。

とろチーズのオイルサーディン

調理時間 3分 / 180秒

缶詰直火ダイレクトの
ストレート調理を侮る
なかれ！ チーズの
風味が超絶マッチ

● 材料
オイルサーディン缶詰 …… 1缶
とろけるスライスチーズ …… 1枚
ピンクペッパー …… 少々

● 調理用具
バーナー

1

缶詰の蓋を開けてそのままバーナーにかけ、弱火で温める。

2

沸騰してきたら、スライスチーズをちぎってのせ、ピンクペッパーをふる。

Point 中身がパンパンのときは、1〜2匹食べて、缶詰の量を減らすと調理しやすい。

肉吸い春雨温泉卵添え

調理時間 3分

牛肉鍋を山で
食べる贅沢！
温泉卵オンで
満足度もアップ

● 材料
牛肉（こま切れ）…… 100g
春雨（小）…… 1つ
九条ねぎ…… 少々
温泉卵…… 1個
鍋キューブ（寄せ鍋しょうゆ）…… 1個
ほんだし…… 1/2スティック
一味唐辛子…… 少々
水…… 300ml

● 調理用具
大きめのシェラカップ

1

シェラカップに水と春雨を入れて火にかける。

2

沸騰したら、ほんだしと砕いた鍋キューブを加える。

3

牛肉と斜め切りした九条ねぎをサッと煮て、温泉卵をトッピングし、一味唐辛子をふりかける。

Point 牛肉は硬くならないよう、サッと煮て食べるのがおいしい。

山のイワシつみれ鍋

調理時間 3分

簡単につくれる
本格つみれ鍋。
シメの雑炊も
かなりイケます！

● 材料
イワシつみれ缶詰 …… 1缶
えのきだけ …… 1/2束
刻みねぎ …… 少々
コンビニおにぎり
　（具はお好みで）…… 1個
鍋キューブ
　（寄せ鍋しょうゆ味）…… 1/2個

● 調理用具
シェラカップ

1

イワシつみれ缶を開け、缶汁ごとシェラカップに移して火にかける。

2

鍋キューブを砕いて入れ、煮立ってきたら、えのきだけを加える。

3

刻みねぎをのせる　※好みで、具を食べたらおにぎりを入れてシメの雑炊にする。

Point 薄味好みなら、鍋キューブを加えなくてもOK。お酒を飲むなら鍋キューブを加えて濃い味つけに。

リンゴ缶のバーボン焼き

調理時間 3分

バーボンの
芳醇な香りを
楽しむ大人の
スイーツ

● 材料
リンゴの缶詰 …… 1缶
バーボン …… 少々

● 調理用具
バーナー

● 事前の仕込み
リンゴ缶の汁を少し
飲んで減らしておく。

1

リンゴ缶を弱火にかけてバーボンを注ぎ、沸騰させてアルコールを飛ばす。

Point ウイスキーは、香りの甘いバーボンがリンゴと相性がいい。リンゴをフライパンで焼いて、焼き目をつけたところにバーボンをひとかけ。デザートとしてもイケル！

編集長の山ごはん コラム 4

ロシアより キャビアをこめて

バジャール山脈の世界初滑降

　スキー雑誌『skier』の取材のため、シベリアでのヘリスキーの撮影に同行したことがある。ハバロフスクからロシア製ヘリコプターのミル8型に乗り、バジャール山脈の山中にある山小屋へ。凍りついた湖をヘリポートに使い、稜線までヘリで飛んでは、この山岳エリアでのスキー初滑走を楽しんだ。

　山小屋での食事は、ロシア人スタッフにおまかせ。ボルシチやピロシキ、鮭とキャベツを煮込んだシチューなどが、固くて黒いパンとともに食卓に並んでいた。

　食事は乾杯で始まる。「健康のために！」とか言ってグラスを交わしながら、きわめて不健康な量のウォッカを毎晩、飲まされた。強い酒を飲むときの作法もこのとき学んだ。最初に牛脂を食べて胃壁にバリアをつくり、それからウォッカをあおるのである。これがなかったら、おそらく不適切な量のウォッカに体を破壊されていたことだろう。

　さて、本題はここからである。酷寒のシベリア取材が無事に終わり、頬に軽い凍傷の痕を作って帰国すると、家には食べるものがなかった。仕方なく山の食糧袋を開けてみると、出てきたのが「サッポロ一番しょうゆ味」。そこで、ひらめいた。

　ロシアで買ってきたキャビアを入れてみたらどうだろう。"黒いダイヤモンド"と称される世界三大珍味と、インスタントラーメンの豪華コラボ。ロシアとサッポロだから近いし、相性もいいに決まっている。

　で、日本で買うと1万円近くするロシア産キャビアの瓶にスプーンを突き立て、ゴルフボール大の塊をすくってサッポロ一番のセンターに置いてみた。これで、庶民の手抜き昼メシが皇帝の豪華ランチに昇格なのだ。

　あつあつのスープに山盛りのキャビアを崩し入れた私は、ひさびさの日本の味を勢いよくすすりこんだ。

「ん？」

　なんだかすごい違和感。ものすごく生臭いんですけど…。そして異常にしょっぱい。

　チョウザメの卵は、熱を帯びると生臭さが立ち昇ってくるのだった。量も少々、というか圧倒的に入れすぎたようだ。黒いダイヤはスープにふやけ、まるで沼に沈んだカエルの卵のように見える。食べ進めるにつれて、丼の底の塩分は濃度を増し、邪悪な辛さが舌に刺さった。こうして自分史上もっとも贅沢なラーメンは、もっとも残念な味に変わり果ててしまったのだった。

　教訓＝ラーメンにキャビアを入れてはいけない。

大型輸送ヘリ、ミル8型に乗って山頂へ

ウォッカのコップを並べて乾杯の相手を誘うロシア人スタッフたち

写真＝亀田則道

Part 3

手間をかけても5分

とっておきごちそうメニュー24

ソーセージの
白ワイン蒸し

調理時間 5分 / 300秒

白ワインの風味で
ソーセージの
ポテンシャルが
パワーアップ！

超！王道の
ウルトラ鉄板メニュー

● 材料
ソーセージ …… 4本
エシャロット …… 3本
パセリ …… 少々
ローズマリー …… 2枝
ガーリックバター …… 1個
白ワイン …… 少々

● 調理用具
フライパン、蓋

1

フライパンにガーリックバターを溶かし、ソーセージを焼く。焼き目がついてきたら、白ワインを加える。

2

ローズマリーを入れて、蓋をして蒸し焼きにする。

3

エシャロットとパセリをみじん切りにし、2に加えてサッとソテーする。

Point パセリは焦げやすいので、最後の仕上げに入れて、サッとソテーするのがコツ。

白菜とベーコン牡蠣の白ワイン蒸し

調理時間 5分 / 300秒

白ワインが牡蠣とベーコンのうまみをガッチリ引き出す

オシャレに、あっさりと、白ワインのお供に

● 材料
白菜 …… 1/8本
ベーコン …… 4枚
牡蠣缶詰 …… 1缶
白ワイン …… 100ml
黒こしょう(粗挽き) …… 少々

● 調理用具
メスティン

1

白菜とベーコンはメスティンの横幅に合わせて切り、交互に並べ入れる。

2

牡蠣の缶詰を汁ごとのせる。

3

白ワインを加えて蓋をし、5分ほどして白菜がしんなりしてきたら、火を止め、黒こしょうをふる。

Point 水でなく白ワインで蒸すことで、味わいが断然深くなる。

牛肉とゴーヤの
パワーサラダ

調理時間 5分

山で肉をたっぷり
食べたいあなたに
スペシャルな
パワーメニュー

肉食男女も
大満足！

● 材料
牛肉（こま切れ） …… 100g
ゴーヤ …… 1/4本
プチトマト …… 4個
玉ねぎ …… 1/4個
きゅうり …… 1/2本
オリーブオイル …… 小さじ1
塩 …… 少々
酢 …… 小さじ1
玉ねぎドレッシング …… 1袋

● 調理用具
フライパン、平皿

● 事前の仕込み
玉ねぎはスライスし、塩、
酢を加えてチャック付き
ポリ袋に入れ、冷凍しておく。
ゴーヤはワタを取り除き、
薄切りにしてサッと塩茹でし、
冷凍しておく。

1

きゅうりは塩もみをして薄切りに、プチトマトは半分にスライスして冷凍玉ねぎの上にのせる。

2

フライパンにオリーブオイルをひき、ゴーヤを炒め、火が通り始めたら牛肉も投入し、塩をふる。

3

炒めた牛肉とゴーヤを盛りつけて、ドレッシングをかける。

Point 牛肉には火は通しつつも、サッと炒めるぐらいが硬くならなくていい。

コンビーフと
クリームチーズのサンド

調理時間 5分

コンビーフと
クリームチーズ。
最高のマッチングを
バゲットと一緒に

ハズレなし。
手間もかからず
リッチな気分に

● 材料
バゲット …… 小1/2本
クリームチーズ …… 大さじ4
コンビーフ …… 1缶
スペアミント …… 少々

● 調理用具
シェラカップ、平皿

1

バゲットに溝をつくる。タテに2本の切り込み（幅1cm程度）を入れ、くり抜く。

2

クリームチーズとコンビーフを混ぜてバゲットの溝に詰める。

3

食べやすい大きさに切って、スペアミントを添える。

Point 気温の低い時期は、チーズとコンビーフをポケットなどに入れて温めておくと混ぜやすい。

ワンタンの辛ねぎダレ

調理時間 5分

ジューシーなワンタンに
濃厚な味つけが
超絶マッチ！
スープも合わせて

● 材料
ワンタン …… 1袋
白ねぎ …… 1/4本
焼肉のタレ …… 小1
糸唐辛子 …… 少々
水 …… 500ml

● 調理用具
フライパン、バーナー、フォーク、
平皿、カップ

1

白ねぎにフォークを刺し、梳くように切って白髪ねぎをつくる。

2

湯にワンタンを入れて3分間茹で、添付のスープを加える。

3

ワンタンを皿に盛り、白髪ねぎをのせ、焼肉のタレをかけ、糸唐辛子をトッピング。

Point スープは別容器でいただく。春雨を入れれば、さらにパワーアップ。

スパムと夏野菜の
ガラムマサラ炒め

調理時間 5分

色鮮やかな
夏野菜とスパムは
最高のマッチング。
味つけはスパイシーに

● 材料
スパム（レトルトパック）…… 1袋
カルバンゾ（ひよこ豆）…… 1袋
自家製干し野菜（パプリカ）…… 1/2個
オリーブオイル …… 小さじ1
ガーリックシュリンプ
（ハウススパイスクッキング）…… 1/2袋
塩 …… 少々
ガラムマサラ …… 少々

● 調理用具
フライパン

1

フライパンに、オリーブオイルをひき、拍子木切りにしたスパムを炒める。

2

パプリカ、カルバンゾを加え、ガーリックシュリンプ、塩少々をふりかけてさらに炒める。

3

仕上げに、ガラムマサラを入れてよく混ぜる。

Point 自家製干しパプリカは、天日で5時間ほどセミドライにしたもの。食感もいい。

もやしとささみの温サラダ

調理時間 5分

ささみと一緒に
野菜もたっぷり
食べられる
ヘルシーメニュー

● 材料
もやし …… 1袋
鶏ささみ（お惣菜・味付）
　…… 1パック（40g）
パプリカ …… 1個
パクチー …… 少々
マヨネーズ …… 小さじ2
しょうゆ …… 1スティック（5ml）
コンソメ …… 1/2スティック
水 …… 50ml

● 調理用具
フライパン、蓋

1

フライパンで湯を沸かし、もやしを入れ、コンソメを加える。

2

細切りにしたパプリカと鶏ささみを投入し、蓋をする。

3

もやしがしんなりしてきたら、火を止めて、マヨネーズ、しょうゆを入れてパクチーをちらす。

Point フライパンに蓋をすることで、もやしが早くしんなりとして時短になる。

パックごはんで作る
ねぎ味噌焼きめし

調理時間 5分

パックごはんを
時短で調理できる
ダイレクト焼き。
香ばしさも最高！

● 材料
パックごはん …… 1個
ねぎ味噌 …… 適量
きざみ小ねぎ …… 適量

● 調理用具
フォールディングトースター、
アルミホイル

1

パックごはんをそのまま取り出し、アルミホイルにのせ、ねぎ味噌を両面に塗る。

2

アルミホイルで、隙間があかないようにごはんを完全に包み込む。

3

フォールディングトースターで弱火で5分ほど蒸し焼きにする。

Point 湯せんだと15分かかるパックライスが4〜5分で食べごろに。ねぎが焦げやすいので注意。

ゴーヤカレーメシ

調理時間 5分
300秒

そもそもウマい
カレーメシを
ゴーヤ&マヨで
ブラッシュアップ！

カレーメシの
超進化系
最終形態か

● 材料
カレーメシ（日清）…… 1個
ゴーヤ …… 1/4本
マヨネーズ …… 小さじ2
オリーブオイル …… 小さじ1
紅しょうが …… 少々
水 …… 230ml

● 調理用具
シェラカップ（大・小）、蓋

● 事前の仕込み
ゴーヤはワタを取り除き、薄切りにしてサッと塩茹でして冷凍しておく。

1

大きめのシェラカップに湯を沸かし、カレーメシを入れ、蓋をして火から下ろす。

2

別のシェラカップにオリーブオイルをひき、ゴーヤを炒める。

3

5分たったらカレーメシをかき混ぜ、ゴーヤをのせ、マヨネーズ・紅しょうがをトッピング。

Point 見栄えを気にしなければ、カレーメシの容器でつくって、炒めたゴーヤをのせてもいい。

"自由軒"風
ピリ辛カレーメシ

調理時間 5分

どろソースが
味つけの決め手。
ハッキリ言って
めちゃうまいで！

あの大阪名物カレーを
イメージした
インスタントメニュー

● 材料
カレーメシ（日清）…… 1個
おつまみピリ辛ソーセージ …… 1袋
オリーブオイル …… 小さじ1
どろソース …… 少々
生卵 …… 1個
水 …… 230ml

● 調理用具
フライパン、平皿

1

湯をカレーメシに注ぎ、蓋をして5分間待つ。

2

フライパンにオリーブオイルをひいて、ソーセージを炒める。

3

5分経ったら、カレーメシをよく混ぜて皿に盛り、ソーセージ、卵黄をのせ、どろソースをかける。

Point どろソースの辛みが決め手。カレーメシをさらにグレードアップしてくれる。

シーフードミックス
クラムチャウダー

調理時間 5分

即席だけど
本物の海鮮で
ひと味違う
スープが完成

● 材料
シーフードミックス（冷凍）…… 1/2袋
粉末クラムチャウダースープの素
　…… 1袋
コンソメ …… 1/2スティック
パセリ（乾燥）…… 少々
早茹でマカロニ …… お好みで
水 …… 300ml

● 調理用具
シェラカップ（コッヘルでも可）

1

湯を沸かし、沸騰したらシーフードミックスを入れる。

2

再沸騰したら、コンソメとクラムチャウダースープの素を入れてよく混ぜる。

3

パセリをトッピングし、お好みで早茹でマカロニを入れてもよい。

Point 早茹でマカロニを入れると、さらにトロミが増して濃厚な味わいに。

山の貝ひも辛味あえ

調理時間 5分

日本酒の風味が
効いた貝ひもを
味わいつつ
お酒が進む

● 材料
おつまみの貝ひも …… 1袋
きゅうり …… 1本
韓国海苔 …… 適量
塩 …… 少々（小さじ1/4）
日本酒 …… 少々

● 調理用具
シェラカップ、ポリ袋

1

貝ひもを、日本酒に浸しておく。

2

きゅうりをひと口大に切り、ポリ袋に入れ、塩を加えてもむ。

3

貝ひもときゅうりをあえ、韓国海苔をちぎって混ぜ込む。

Point 日本酒を少量足すだけで、乾燥した貝ひもがびっくりするくらいしっとりとする。

"とりから"の
ねぎだくチゲ風味

調理時間 5分

お惣菜を使うから
簡単でだしも出る。
失敗知らずの
激うまレシピ

● 材料
鶏から揚げ（お惣菜）……3〜4個
鍋キューブピリ辛キムチ……2/3個
白ねぎ……少々
水……150ml

● 調理用具
シェラカップ

1

シェラカップに湯を沸かし、あらかじめ砕いておいた鍋キューブを加え混ぜる。

2

白ネギを薄切りにしておく。

3

から揚げを入れて温め、仕上げに薄切りにした白ねぎをのせる。

Point あらかじめ火の通ったから揚げを使うので、温めるだけでお手軽＆風味も出る！

春キャベツと
おかかチーズのピリ辛煮

調理時間 5分

和風の味つけにも
チーズがよく合う。
お酒がぐいぐい
飲める美味おかず

● 材料
春キャベツ …… 1/8個
そばつゆ(小袋) …… 1袋
とろけるスライスチーズ …… 1枚
削り節(小袋) …… 1袋
唐辛子(輪切り) …… 少々
水 …… 50ml

● 調理用具
フライパン、蓋

1

ザク切りにしたキャベツをフライパンに入れ、水を加え、蓋をして炒め煮にする。

2

キャベツがしんなりしてきたら、スライスチーズをのせ、そばつゆをかける。

3

削り節をふり、唐辛子をちらす。

Point 通常のキャベツでもOKだが、春キャベツを使うとみずみずしく仕上がる。

アボカドとトマトの塩パスタ

調理時間 5分

塩味ベースの
さっぱりした
味つけが、具材の
うまさを引き立てる

● 材料
サラスパ …… 80g
アボカド …… 1個
トマト(小) …… 1個
レモン …… 1/2個
コンソメ …… 1/2スティック
オリーブオイル …… 少々
塩 …… 小さじ1
水 …… 200ml

● 調理用具
フライパン、蓋

1

フライパンに湯を沸かし、コンソメを加え、サラスパを入れて、蓋をして弱火で茹でる。

2

パスタの湯がなくなってきたら、火から下ろして、くし切りにしたアボカドとトマトをのせる。

3

オリーブオイルをまわしかけ、レモン汁をしぼって、塩をふりかける。

Point パスタは弱火で蓋をして水分がなくなる寸前まで茹で煮すると、水を捨てなくてすむ。

山のカレー パエリア風

調理時間 5分

チキンラーメンと
サラスパが合体して
パエリア"風"
料理に大変身！

● 材料
チキンラーメン …… 1袋
サラスパ …… 40g
ソーセージ …… 4本
ホタテの缶詰 …… 1缶
ピーマン …… 1個
プチトマト …… 4個
オリーブオイル …… 小さじ1
鍋キューブ（スープカレー） …… 1/2個
湯 …… 400ml

● 調理用具
シェラカップ、蓋

1

フライパンにオリーブオイルをひき、輪切りにしたソーセージを炒める。

2

湯を加えて、サラスパを投入して2分ほど茹で、粗く砕いたチキンラーメンを入れる。

3

ホタテ、鍋キューブ、プチトマト、ピーマンを入れ、弱火で蓋をして2分待つ。

Point 鍋キューブがないときは、カレーパウダー小さじ1に塩を少々加える。

山のパクチー焼きそば

調理時間 5分 / 300秒

即席焼きそばに
パクチーをオン！
それだけで劇的に
おいしくなる不思議

パクチーを入れるだけで
いきなりエスニック！

● 材料
インスタント焼きそば …… 1袋
パクチー …… お好きなだけ
京七味唐辛子
　（ふつうの七味でもOK）…… 少々
水 …… 220ml

● 調理用具
フライパン

1

フライパンに湯を沸かし、焼きそばの麺を茹でる。

2

水分が飛んだら添付のソースを加えて混ぜ、パクチーをたっぷりのせる。

3

仕上げに七味唐辛子をふる。

Point パクチー好きなら山盛りにしてもおいしい。ナンプラーを加えればよりそれっぽい味に。

九条ねぎそば

調理時間 5分

カップそばに
プラスワン技の
これが王道！
たっぷりネギのせ

なんちゃって
京風ネギそば
どすえ

● 材料
鴨だしそば（カップ麺）…… 1個
九条ねぎ …… 適量
京七味唐辛子 …… 少々
水 …… 410ml

● 調理用具
フライパン

1

フライパンで湯を沸かし、カップ麺のそばだけを茹でる。

2

そばがほぐれてきたら、カップ麺のかやくとつゆを加える。

3

斜め切りした九条ねぎをのせ、火を止めたら、仕上げに京七味唐辛子をふる。

Point 京七味唐辛子がなければ、ふつうの七味唐辛子でもOK。

サンマそば

調理時間 5分 / 300秒

即席そばが
サンマの蒲焼きで
ゴージャスに進化！
味の決め手はすだち

にしんの代打サンマ！

● 材料
インスタントそば …… 1袋
サンマの蒲焼き（レトルト）…… 1袋
※なければサンマの蒲焼き缶詰
すだち …… 1個
粉さんしょう …… 少々
水 …… 400ml
（インスタントそばの分量表記に従う）

● 調理用具
フライパン（コッヘルでも可）

1

フライパンでサンマを袋ごと温め、温まったらいったん取り出し、そばを入れ茹でる。

2

そばが柔らかくなったら、そばのスープを半分だけ加える。

3

サンマをのせてタレをかけ、すだちを輪切りにして添え、粉さんしょうをふる。

Point すだちがあるとサンマの甘辛い味わいが引き立ち、そばも一段とおいしくなる。

松茸風味の
大黒しめじリゾット

調理時間 5分 / 300秒

大黒しめじが
松茸に変身!?
お吸い物の素でつくる
超簡単リゾット

香りマツタケ
味シメジ。
ということで……

● 材料
こんぶのおにぎり ……1個
きのこ（大黒しめじorエリンギ）……2本
お吸い物の素
（永谷園 松茸の味お吸いもの）……1/2袋
バター ……1かけ

● 調理用具
フライパン

1

きのこは薄切りに、パプリカは細切りにする。

2

フライパンにバターを溶かし、きのことパプリカを炒める。

3

湯を足し、お吸い物の素を加え、おにぎりを崩して煮込む。

Point 写真は大黒しめじ。味わいも見た目もよく、手に入ればぜひ使いたい。

オニオングラタン風煮込み

調理時間 5分

オニオンスープの素＆
炒め玉ねぎの
ダブルミックスで、
濃厚な味付けに

● 材料
バゲット …… 1/3本
とろけるスライスチーズ …… 2枚
おつまみソーセージ …… 1袋
オニオンスープの素 …… 1袋
炒め玉ねぎ …… 1袋
乾燥パセリ …… 少々
黒こしょう …… 少々
水 …… 160ml

● 調理用具
フライパン、蓋

1

湯を沸かし、スープの素と炒め玉ねぎを加え、ソーセージを入れて、黒こしょうをふる。

2

煮立ってきたら、スライスしたバゲットを入れ、スライスチーズをちぎってのせる。

3

蓋をして2分待ち、トロッとしてきたチーズの上にパセリをふりかける。

Point 煮立ってきたら、焦がさないように弱火で調理を！

山の鶏ちゃん風炒め

調理時間 5分

味噌風味の鶏肉
野菜炒めを手軽に。
ごはんがすすむ
絶品おかず

● 材料
キャベツ …… 1/8玉
玉ねぎ …… 1/4個
焼き鳥缶詰(たれ) …… 1缶
オリーブオイル …… 小さじ1
糸唐辛子 …… 少々
合わせ味噌
　(インスタントの生味噌タイプ) …… 1袋

● 調理用具
フライパン

1

玉ねぎをくし切りに、キャベツをザク切りにする。

2

フライパンにオリーブオイルをひいて弱火にかけ、玉ねぎ→キャベツの順に炒める。

3

野菜がしんなりしてきたら、焼き鳥、味噌を入れて炒め、唐辛子をトッピングする。

Point インスタント味噌汁の生味噌が、一人前ずつの小袋になっているので使いやすい。

はちみつ味噌豚の
ゴーヤチャンプルー

調理時間 5分

はちみつ味噌で
漬け込んだ豚肉が
最高の調味料に！
食べ応えも◎

● 材料
はちみつ味噌豚 …… 150g
ゴーヤ …… 1/4本
パプリカ …… 1個
オリーブオイル …… 小さじ1
ほんだし（スティック） …… 1/2スティック
かつおぶし（小袋） …… 1袋

● 調理用具
フライパン、蓋

● 事前の仕込み
はちみつ味噌豚をつくる。漬けダレ（味噌とはちみつを2:1の割合で混ぜる）に豚バラの塊を漬け、冷蔵庫で5日間ほど熟成させ、表面の味噌を取り、ファスナー付き密封袋に入れて冷凍しておく。

1

フライパンにオリーブオイルをひいて、薄切りにしたはちみつ味噌豚を炒める。

2

豚に火が通ったら、細切りにしたパプリカを入れてさらに炒め、蓋をして蒸し焼きにする。

3

ゴーヤを加えてほんだしを入れてよく混ぜ、かつおぶしをたっぷりふりかける。

Point ゴーヤはタテ半分に切ってワタを取り除き、薄切りに。サッと塩茹でしたものを冷凍しておく。

海鮮マヨ焼きそば

調理時間 4分

即席焼きそばが海鮮ミックスで味も見た目もゴージャスに！

● 材料
焼きそば（インスタント）…… 1袋
シーフードミックス（冷凍）…… 1/2袋
マヨネーズ …… 少々
紅しょうが …… 少々
水 …… 220ml

● 調理用具
フライパン

1

フライパンに湯を沸かし、沸騰したらシーフードミックスを入れる。

2

ふたたび沸騰したら焼きそばの麺を入れ、ほぐしながら水分がなくなるまで茹でる。

3

添付の粉末ソースをかけて混ぜ、マヨネーズをかけて、紅しょうがと青のりをトッピング。

Point 冷凍シーフードミックスは、運搬時に保冷材的に使えるのでなにかと便利！

RECIPE INDEX

萩原編集長＆げんさん
担当レシピリスト

萩原編集長

カニカマしょうが大葉あえ ⋯⋯⋯⋯⋯	18
うにめかぶちくわきゅうり ⋯⋯⋯⋯⋯	20
アスパラのバターソルト炒め ⋯⋯⋯⋯	22
味噌玉の冷たい水出し茶漬け ⋯⋯⋯⋯	24
かんたんトースト ⋯⋯⋯⋯⋯⋯⋯⋯⋯	25
コンビーフわさびしょうゆ ⋯⋯⋯⋯⋯	26
激烈シンプル！男・涙の一本わさび ⋯	28
ししゃものマヨセブン焼き ⋯⋯⋯⋯⋯	30
シャケ缶のちゃんちゃん焼き ⋯⋯⋯⋯	31
ポテきん焼き ⋯⋯⋯⋯⋯⋯⋯⋯⋯⋯⋯	32
シンプル一番！おにぎりチャーハン ⋯	36
元祖！コンビニおにぎりツナチャーハン	38
さっぱり味の"酸ライズ"にゅうめん ⋯	40
カマンベールでチーズフォンデュ ⋯⋯	42
"加糖"文太郎しるこ ⋯⋯⋯⋯⋯⋯⋯	44
秒速！もちしゃぶ祭り ⋯⋯⋯⋯⋯⋯⋯	48
瞬速！松茸（風味）雑煮 ⋯⋯⋯⋯⋯⋯	50
超速！うな茶漬け ⋯⋯⋯⋯⋯⋯⋯⋯⋯	52
ベイクドメロンパン はちみつ添え ⋯	54
最強最短！えのきとベーコンの"アホ"焼き ⋯	73
なんちゃって酢豚 ⋯⋯⋯⋯⋯⋯⋯⋯⋯	78
ぎょうざの皮ピザ ⋯⋯⋯⋯⋯⋯⋯⋯⋯	80
イカフライ天丼 ⋯⋯⋯⋯⋯⋯⋯⋯⋯⋯	82
アボカド納豆キムチ ⋯⋯⋯⋯⋯⋯⋯⋯	83
キムマヨ焼きそば ⋯⋯⋯⋯⋯⋯⋯⋯⋯	85
パックごはんで作るねぎ味噌焼きめし ⋯	103

げんさん

ちくわのマヨ柚子こしょう ⋯⋯⋯⋯⋯	33
きゅうりとみょうがの梅昆布茶あえ ⋯	34
キャベツと新しょうがの即席漬け ⋯⋯	35
山の燻製ポテサラ ⋯⋯⋯⋯⋯⋯⋯⋯⋯	45
イカなんこつとセロリの一味マヨあえ ⋯	46
山のウニイカ ⋯⋯⋯⋯⋯⋯⋯⋯⋯⋯⋯	47
ツナとゴーヤのマヨポンあえ ⋯⋯⋯⋯	60
したらばとクリームチーズ 洋風おつまみ ⋯	62
カニ缶 山のテリーヌ風 ⋯⋯⋯⋯⋯⋯	64
桃缶詰と生ハムのゴージャスオードブル ⋯	66
チーズ生ハムロール ⋯⋯⋯⋯⋯⋯⋯⋯	68
きゅうりと玉ねぎのカレーマヨあえ ⋯	70
サラミとキャベツのカレー風味 ⋯⋯⋯	71
パルミジャーノときゅうりのカルパッチョ風 ⋯	72
トマトときゅうりの梅昆布茶マリネ ⋯	74
サンマ蒲焼ときゅうりのしょうがあえ ⋯	75
燻製チョリソーチーズ焼き ⋯⋯⋯⋯⋯	76
タコときゅうりの韓国海苔あえ ⋯⋯⋯	84
とろチーズのオイルサーディン ⋯⋯⋯	86
肉吸い春雨 温泉卵添え ⋯⋯⋯⋯⋯⋯	87
山のイワシつみれ鍋 ⋯⋯⋯⋯⋯⋯⋯⋯	88
リンゴ缶のバーボン焼き ⋯⋯⋯⋯⋯⋯	89
ソーセージの白ワイン蒸し ⋯⋯⋯⋯⋯	92
白菜とベーコン牡蠣の白ワイン蒸し ⋯	94
牛肉とゴーヤのパワーサラダ ⋯⋯⋯⋯	96
コンビーフとクリームチーズのサンド ⋯	98
ワンタンの辛ねぎダレ ⋯⋯⋯⋯⋯⋯⋯	100
スパムと夏野菜のガラムマサラ炒め ⋯	101
もやしとささみの温サラダ ⋯⋯⋯⋯⋯	102
ゴーヤカレーメシ ⋯⋯⋯⋯⋯⋯⋯⋯⋯	104
"自由軒"風ピリ辛カレーメシ ⋯⋯⋯	106
シーフードミックスクラムチャウダー ⋯	108
山の貝ひも辛味あえ ⋯⋯⋯⋯⋯⋯⋯⋯	109
"とりから"のねぎだくチゲ風味 ⋯⋯	110
春キャベツとおかかチーズのピリ辛煮 ⋯	111
アボカドとトマトの塩パスタ ⋯⋯⋯⋯	112
山のカレーパエリア風 ⋯⋯⋯⋯⋯⋯⋯	113
山のパクチー焼きそば ⋯⋯⋯⋯⋯⋯⋯	114
九条ねぎそば ⋯⋯⋯⋯⋯⋯⋯⋯⋯⋯⋯	116
サンマそば ⋯⋯⋯⋯⋯⋯⋯⋯⋯⋯⋯⋯	118
松茸風味の大黒しめじリゾット ⋯⋯⋯	120
オニオングラタン風煮込み ⋯⋯⋯⋯⋯	122
山の鶏ちゃん風炒め ⋯⋯⋯⋯⋯⋯⋯⋯	123
はちみつ味噌豚のゴーヤチャンプルー ⋯	124
海鮮マヨ焼きそば ⋯⋯⋯⋯⋯⋯⋯⋯⋯	125

あとがき

　本書のカバー写真を見た部員にいきなり言われました。「萩原さん、太りました？」

　はいはい、そのとおりです。前著『萩原編集長の山塾　実践！登山入門』を５月に上梓して、わずか２カ月の間にもう一冊の刊行。しかも、ただでさえ短期集中の執筆＆編集作業で運動不足になっていたところに、今度は食べ物の本ですからね。撮影時は１日に１０食以上も試食し、余った材料を夜中に腹に収めていたら、そりゃ太りますって。ダイエットにはヒマラヤ登山が一番であると実証した私ですが（７０００ｍ峰に登って７０００ｇの減量に成功！）、今年は忙しくて遠征どころではないため、体重計の数値はしばらく高値安定が続きそうです。

　さて、「秒速！山ごはん」のメニューは参考になりましたでしょうか？　今回はげんさんという強力な助っ人と、料理本の編集経験が豊富な久田一樹さんに協力をいただいたため、撮影・編集・校了作業は秒速とはいかないまでも最速ペースで進めることができました。また、寒風吹きすさぶ河原から酷暑の公園まで、計５回の撮影にお付き合いいただいたのは岡野朋之カメラマンです。この場を借りて深く御礼申し上げます。

　本書を編集して感じたことは、食のバリエーションには限界がないということです。素材や調味料の組み合わせひとつで、また、調理方法を少し工夫するだけで、料理は見た目も味もグンと変わります。本書に掲げたメニューはあくまでも参考として、各々がアイデアを加えて新たな味に挑戦し、山での食生活がより楽しく豊かになることを願っています。

　それでは、おいしい山旅を！

2018年7月　萩原浩司

萩原浩司

はぎわら・ひろし／1960年栃木県生まれ。82年青山学院大学法学部卒。高校・大学時代は山岳部に所属。大学卒業後は山と溪谷社に入社し、雑誌『skier』副編集長などを経て『山と溪谷』『ROCK & SNOW』編集長を歴任。書籍部門ではヤマケイ文庫、ヤマケイ新書シリーズを創刊し、現在は執行役員 兼 特別編集主幹。NHK-BS1『実践！にっぽん百名山』『Let's! クライミング』などテレビ番組のMCとしても活躍。編・著書に『日本のクラシックルート』『萩原編集長の山塾 実践！登山入門』『写真で読む山の名著』『萩原編集長 危機一発！今だから話せる遭難未遂と教訓』（山と溪谷社）がある。

げんさん

人気ブログ「山めし礼讃ー山料理 山ごはんレシピの記ー」を運営。食材のアレンジで簡単に作れる山ごはん、おつまみレシピが豊富に紹介され、多くのファンを持つ。低山からアルプス、日帰りからテント泊縦走まで四季を通して山に登る。"おいしいお酒を飲むために、おいしい山ごはんを作る"ことがモットーで、今日も山ごはんの新メニュー作りに思いをはせる。著書に『げんさんの山めしおつまみ』（エンターブレイン）、共著に『げんさんとよーこさんの山ごはん』（山と溪谷社）がある。
http://yamameshi.doorblog.jp/

萩原編集長の山塾

秒速！山ごはん

2018年 8月15日　初版第1刷発行
2021年 4月20日　初版第4刷発行

著者　　萩原浩司　げんさん
発行人　川崎深雪
発行所　株式会社 山と溪谷社
　　　　〒101-0051
　　　　東京都千代田区神田神保町
　　　　1丁目105番地
　　　　https://www.yamakei.co.jp/

デザイン　尾崎行欧
　　　　　宮岡瑞樹
　　　　　齋藤亜美
　　　　　（oi-gd-s）
撮影　　　岡野朋之、有賀 傑（P10、11）
校正　　　戸羽一郎
撮影協力　東京チェンソーズ
編集　　　久田一樹（山と溪谷社）
編集協力　山﨑真由子
DTP　　　エルグ

● 乱丁・落丁のお問合せ先
山と溪谷社自動応答サービス
TEL：03-6837-5018
受付時間／10：00-12：00、
13：00-17：30（土日、祝日を除く）
● 内容に関するお問合せ先
山と溪谷社
TEL：03-6744-1900（代表）
● 書店・取次様からのお問合せ先
山と溪谷社受注センター
TEL：03-6744-1919
FAX：03-6744-1927
印刷・製本　大日本印刷株式会社

©2018 Hiroshi Hagiwara and Gensan
All rights reserved.
Printed in Japan
ISBN 978-4-635-45027-0

● 定価はカバーに表示してあります。
落丁・乱丁本は送料小社負担にて
お取り換えいたします。
● 本書の一部あるいは全部を無断で
転載・複写することは、
著作権者および発行所の権利の侵害となります。
あらかじめ小社までご連絡ください。